101
deco ideas

우리 집이 예뻐진다

리빙 스타일리스트 **민송이·민들레** 지음

중앙 books
JoongAng Ilbo

Min Song-i

PROLOGUE

"나만의 터치를 더해 유니크한 매력이 있는 공간으로 꾸며보세요"

인테리어 & 푸드 스타일리스트 민송이, 민들레입니다. 어릴 때부터 꼼지락꼼지락
만들고 꾸미는 것을 좋아하던 일들이 직업이 되고, 지금까지 10년이 넘게 한 가지
일만 하고 있는 것을 보면 우리는 좋아하는 일을 하고 있는 것이 맞기는 맞나 봅니다.
물론 모든 일이 그렇듯 언제나 즐거운 것만은 아니지만 아직도 결과물이 마음에 들게
나올 때면 가슴이 설레도록 행복해지고, 새로운 비주얼에 자극을 받을 때면 다시
초심으로 돌아간 듯 에너지가 충만해지는 것을 보면 말입니다.
'세븐 도어즈 7 doors'란 이름으로 활동하며 그 동안 인테리어 라이프스타일 잡지나
광고 촬영, 인테리어 디자인 등 비주얼 위주의 작업을 주로 해왔습니다. 그러다 보니
새로운 트렌드를 소개할 기회는 많았지만 정말 생활에 필요한 스타일링 정보들을
공유할 기회가 없었고, 그렇게 함께 소통하지 못한다는 아쉬움이 바로 이 책을
시작하게 된 동기가 된 것 같습니다.

인테리어 & 푸드 스타일리스트로 작업해온 10년이 넘는 시간 동안 트렌디하고
세련된 꾸밈에 대한 다양한 경험을 하면서 집을 바라보는 시각도 같이 변해왔습니다.
우리가 생각하는 아름다운 집이란 시간과 함께 변해가는 나의 취향과 라이프스타일이
고스란히 묻어나는 나를 닮은 공간입니다. 집은 방문자를 위한 모델하우스가 아니라
나와 우리 가족을 위한 힐링 healing 공간이 되어야 하기 때문입니다. 밤낮 없는 촬영과
일정으로 축 처진 몸을 이끌고 집으로 돌아왔을 때 우리를 행복하게 만드는 것은 내가
좋아하는 것들로만 꾸며진 방 안에 놓여 있는 푹신한 카우치와, 닳은 만큼 내 것이 된
블랭킷, 반질반질하게 잘 자라고 있는 허브와 선인장인 것처럼요.

쉽지만 예쁘고 만족감을 줄 수 있는 인테리어와 데코 정보들을 모아봤습니다. 오랜
시간 동안 스타일리스트로 일을 해오며, 차곡차곡 쌓아온 바로 그것들을 말이죠.
이 책을 보는 독자분들이 어느 집이나 똑같은, 찍어낸 듯한 인테리어가 아니라
자기만의 취향과 라이프스타일을 추구하는 사람들이었으면 좋겠습니다. 유명한
디자이너인 장 프루베, 찰스 & 레이 임스의 가구를 갖는 것도 좋지만, 명품의 가치를
그저 유명하고 비싼 가구로 혼동하지 않는 분들이었으면 좋겠습니다. 물론 우리도
디자이너의 제품을 너무나 아끼고 좋아하며 모으고 있지만 그건 외적인 유명세

Min Deulre

때문이 아니라 그 디자인 속에 감춰진 스토리와 가치를 사랑하기 때문입니다.
그것은 오랫동안 사용해 낡아진 엄마의 뜨개 블랭킷에서 받는 행복과 다르지 않은
감정이지요. 그렇게 명품이란 나 자신이 부여하는 가치라고 생각하기 때문에
좋아하는 것을 스스로의 마음에 들도록 직접 가꿔보는 것에 대한 답을 주는 책이 바로
이 책이었으면 좋겠습니다.

인테리어와 푸드 스타일링이 결국엔 한 가지에만 조예가 깊어서 되는 일이 아니라
새로운 트렌드와 문화, 예술, 디자인 등등 다방면으로 많은 관심이 필요한 일이다
보니 결국 자연스럽게 리빙 전반에 걸쳐 관심이 커져 갔습니다. 공간은 물론 먹거리와
즐길 거리까지도요. 요즘 우리의 관심사는 해외에서 로컬 마켓을 활성화시키자는
취지로 인기인 파머스 마켓farmer's market, 우리나라에서도 비슷한 개념으로 생긴
리틀 파머스little farmers나 한살림처럼 좋은 식재료를 가져다가 판매하는 유통
시스템입니다. 그리고 파리의 편집 숍 메르시merci처럼 트렌디하면서도 자신들의
철학을 보여주는 숍, 그런 브랜드들의 행보를 지켜보는 것도 너무나 즐겁습니다.
그런 의미에서 이 책의 마지막 장에서는 이런 다양한 우리의 관심들과 생각, 그리고
취향을 펼치기 위해 만든 공간도 소개합니다. 바로 이제 막 문을 연 저희의 카페 공간
'재미있고'입니다. 소박하고 편안한 공간, 눈을 즐겁게 하고 가벼운 즐거움이 있는
공간이 바로 우리가 추구하는 것입니다. 뻔한 것보다는 유니크한 매력, 내가 좋아하는
음악을 듣는 듯 잔잔하고 소소한 재미를 느낄 수 있는 공간으로 꾸며봤습니다.

이 책은 우리가 인테리어 디자인과 스타일링을 해주었던 개인 집과 카페, 촬영을 위해
연출한 스튜디오, 친한 지인과 매장의 공간, 우리가 직접 꾸민 '재미있고' 카페를
총 망라해 구성되었습니다. 아홉 가지 섹션으로 구분한 101가지 데코 아이디어와
스스로 따라할 수 있도록 구성한 스텝바이스텝까지. 이 책의 한 장 한 장에는 스스로
만들며 얻을 수 있는 일상 속 작은 즐거움에 대한 우리 자매의 진한 애정이 담겨
있습니다. 우리가 함께 나누고 싶었던 그 즐거움이 독자 여러분의 곁에 도달해 마침내
그 하나하나의 공간 속으로 전해졌으면 합니다.

2012년 가을 민송이 & 민들레

CONTENTS

PROLOGUE

"나만의 터치를 더해 유니크한 매력이 있는 공간으로 꾸며보세요" 002

WALL DECO

공간의 분위기 메이커, 벽 장식

FABRIC

가장 쉽고 효과적인 변신, 패브릭

LIGHTING

인테리어를 완성하는 핸드메이드 조명

ARTWORK

우리 집에 어울리는 작품 걸기

COLLECTION

잘 모으면 장식이 된다, 수집품 디스플레이

OUR CAFE

우리들의 카페 속 데코 아이디어

TOOL GUIDE

FAVORITE SHOP

WALL DECO

공간의 분위기 메이커, 벽 장식

월 데코만큼 확실하게 공간의 분위기를
바꿔주는 것도 없다. 시각적으로 넓은 면적을
차지하는 벽이 달라지면 밋밋한 공간도 금세
감각적으로 변신하기 때문이다. 집 안 분위기에
걸도는 저 혼자 화려한 포인트 벽지 대신,
작은 포스터 하나라도 내가 좋아하는
것으로 걸어보자. 작은 나만의 터치로 공간이
더욱 친근하고 생기 있게 느껴질 것이다.

생기를 불어넣는 스트라이프 벽 *(p.30)*

접시꽃이 활짝 피었습니다

다이닝 공간은 항상 멋지게 꾸미고 싶어서 고민하는 공간이다. 가족 혹은 친구,
좋아하는 사람들을 초대해서 즐거운 시간을 보내며, 맛있는 음식을 나눠먹는 행위
그 이상의 정을 나누는 중요한 공간이니만큼 안주인의 감성을 맘껏 발산할 수 있는
최적의 무대가 아닐까 싶다.
요리를 좋아하는 사람이라면 그릇에도 애착이 많을 터, 좋아하는 접시를 이용해
감각적인 벽면 연출을 보여주면 어떨까? 새 프린트를 잘라서 마치 접시 위에 새가
앉은 듯, 그리고 숲 속에 '접시꽃'이 피어 있듯 상상력을 발휘해봐도 좋겠다. 접시는
다양한 패턴과 사이즈의 것들을 선택하면 더 리드미컬한 느낌으로 꾸밀 수 있다.
원하는 대로 자유롭게 걸 수 있지만, 적어도 컬러 톤 정도는 한 가지로 통일해 정하고
시작하는 게 좋겠다. 벽면에 접시를 걸 위치를 표시한 다음 못을 박고, 접시 걸이를
이용해서 접시를 끼워 넣으면 완성! _ *song-i*

TIPS

접시를 안전하게 벽에 걸 수 있는
접시 걸이는 인터넷으로도 구입할 수
있다(화이트 데코 031-972-2238,
www.whitedeco.co.kr).
사이즈는 소 13~16cm, 중
16~22cm, 대 20~29cm로
구분되며, 대략 6천~7천 원 선이다.
벽면에 장식할 접시를 선택한 후
접시 사이즈에 맞게 접시 걸이를
구입하도록 하자.

마이 페이버릿 키워드

내 책상 옆 벽면에는 기억해야 할 메모와 마음에 드는 사진, 좋은 글귀 등등이
어지럽게 붙어 있다. 그중에서도 나를 평온하게 만드는 좋은 글귀는 항상 잘 보이는
곳에 두고 '이너 피스inner peace'를 마음속으로 다짐한다!
누구나 자신을 평화롭게 만들거나 채찍질하게 만드는 중요한 마음의 단어들이 있기
마련일 터. 작고 심플한 액자를 활용하면 나만의 의미를 담아 인테리어 효과까지
얻을 수 있다. 원하는 액자를 필요한 이니셜 개수만큼 구입하고, 액자의 속지가
들어갈 사이즈에 맞추어 원하는 문구의 이니셜을 출력한다. 경험으로 미루어 보아,
액자에 넣을 글자체는 멋을 내지 않은 모던한 서체가 더 적합한 것 같다. 단어가 너무
장식적이면 의미 전달이 아닌 그야말로 장식으로 끝날 수 있기 때문이다. _ *song-i*

TIPS

액자는 모던하우스(080-973-
0352)에서 저렴하게 구입할 수
있다. 우리가 구입할 당시 액자의
가격은 10개 세트에 1만 원
선이었다. 가벼운 액자인 경우,
접착용 껌이나 3M 양면테이프
(p.235)를 이용해 벽면에 간편하게
고정할 수 있다.

BIRD

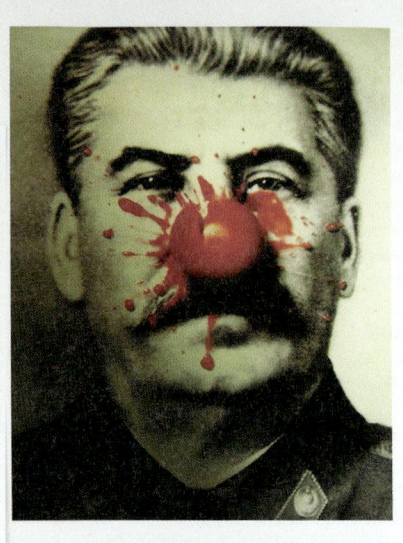

FOLLOW YOUR DREAMS
CANCELLED

SMITH
9TH ST
BROOKLYN
CHURCH AVE

003

나의 취향을 보여주는 아트 월

스타일리스트라는 직업상 한 번에 여러 가지 일들을 처리하다보면 정신이 없어 개인적인 일들은 정말 자주 깜박하곤 한다. 그러다 보니, 보고 싶던 전시나 공연 등을 많이 놓치게 되어 항상 속상해 하곤 한다. 눈에서 보이지 않으니 자꾸 놓치게 되는 것 같아서 말이다. 그래서 조금씩 가고 싶은 공연·전시의 포스터나 자료, 엽서들을 생각 없이 붙여놓았는데, 어느 날 보니 놀랍게도 나만의 취향을 담은 아트 월이 되어 있는 게 아닌가!
그 어떤 것보다도 나의 라이프스타일과 취향이 듬뿍 담겨 있고, 내가 좋아하는 것들로 컬렉션도 할 수 있고, 게다가 저렴하게 벽 장식도 할 수 있으니 일석삼조의 아이템이다. 미리 컨셉트를 정하고 붙여나가도 되겠지만 어차피 한 사람의 취향에서 나온 것들이니 목적 없이 모아도 서로가 자연스레 조화를 이룬다. 의식적으로 사이사이에 컬러 포인트를 붙이는 정도면 족하다. _ *deulre*

TIPS

종이류는 가볍기 때문에 접착용 껌 (p.235)을 사용해서 부착하면 제거가 쉽고 벽면에 끈끈이가 남지 않는다. 그외 패턴이 있거나 컬러가 다양한 종이테이프를 화방에서 구입해서 사용할 경우 테이프 자체를 보이게 붙여 장식으로 연출할 수 있다.

004

동화 같은 지오메트릭 패턴

집집마다 볼 수 있는 흰색 도배 벽지는 왠지 개성이 없고, 유행이 지나면 촌스러워지는 화려한 패턴 벽지도 싫다. 게다가 이사할 때가 아니라면 있는 가구를 다 들어내고 도배를 다시 하기도 힘들고…. 이런 때 가장 간단하게 시도할 수 있는 건, 바로 시트지를 이용하는 것이다. 시트지의 다양한 활용은 잡지나 다른 책들을 통해 이미 많이 소개되었고, 꽃이나 나무 패턴 등으로 커팅된 시트지도 웹사이트 레이블럭 www.layblock.co.kr 에서 쉽게 찾아볼 수 있다. 하지만 흔히 볼 수 있는 시트지에 만족하지 않고, 그러나 솜씨는 없는 사람들을 위한, 쉽지만 효과는 어메이징한 방법이 있으니 바로 기하학 패턴을 활용하는 것이다.

이런 기하학 패턴은 유난스럽지 않으면서도 어쩐지 내가 좋아하는 동화 〈이상한 나라의 앨리스〉의 공간을 떠올리게 해서 애착이 간다. 간단한 기하학 패턴의 조합, 블랙 단색 시트와 우드 시트로 집안 가구와 마감재에 컬러 톤을 맞춘 것이 이곳의 포인트다. 시트의 뒷면에는 가로세로 치수가 표기되어 있으니 수직 수평을 잘 맞추어 깔끔하게, 그리고 반듯하게 오려내면 벽면에 붙일 때도 삐뚤지 않게 붙일 수 있다. _ *song-i*

TIPS

검은색·우드 패턴 시트지는 1m 기준 3천~5천 원 선으로 구입할 수 있다 (호미화방 02-336-8181, *www. homi.co.kr*). 시트지 뒷면에 원하는 사이즈의 밑그림을 그려서 재단기로 수직 수평을 맞추어 잘라준다. 우리는 높이 40cm×밑변 20cm로 재단하여 사용했다. 이 외 벽 장식 패턴으로 물방울이나 도트 패턴도 추천하고 싶다.

005

다다익선, 액자들로 연출한 벽

이 거실의 주인인 친구 혜정이는 벌써 십오 년 지기 친구다. 최근까지 매거진
에디터로 일해왔기 때문에 자주 만나 서로의 고충을 수다로 푸는 각별한 사이를
유지해 왔다. 혜정이가 결혼을 해서 신혼집 홈 드레싱을 도와달라고 했을 때,
아기자기하면서도 세련된 취향의 친구와 딱 어울리는 스타일을 반영하기 위해 무척
고심했던 기억이 난다. 거실 벽은 좋아하는 이미지와 작품으로 채우고 싶다기에
친구와 함께 못을 박아가며 재미있게 걸었고, 여러 가지 액자와 작품들을 함께 거니
무척이나 멋스러웠다. 일 년이 지난 지금도 좋아하는 다른 비주얼들로 바꾸어가며
변화를 꾀하고 있는 친구의 감각에 놀러 갈 때마다 기분이 좋아진다.
액자를 배열할 때는 대,중,소 사이즈의 다양한 액자를 이용하면 단조롭지 않게 연출할
수 있다. 먼저 큰 사이즈의 액자를 중심으로 자리를 잡은 뒤 중간 사이즈 액자를 걸고,
비는 공간에 작은 액자를 걸어주면 완성! 액자를 걸 때는 수직 수평이 삐뚤어지지
않도록 주의하자. 수평계를 이용하면 편리하다 p. 241. 사각 액자로만 걸기에
지루하다면 재미있는 형태의 시계 등을 함께 걸어도 좋겠다. _ deulre

TIPS

이미지는 액자의 속지 사이즈에
맞추어 출력하는 게 포인트.
이케아(라이프데코 www.lifedeco.
co.kr)에서는 프레임이 얇은 우드
톤의 예쁜 액자들을 저렴한 가격에
구입할 수 있다. 에이모노(02-545-
0808, www.amono.co.kr)에는
다양한 사이즈의 액자를 세트로
구매할 수 있도록 묶음 상품이 있어
한번에 구입하여 사용하기 편리하다.

006

책, 꽂지 말고 세우자

서점에 가면 주체할 수 없는 책 욕심으로 이것저것 보고 싶은 책을 몇 권씩 집어오곤
한다. 침대 옆 사이드 테이블엔 항상 대여섯 권의 책들이 한꺼번에 놓여서 순서를
기다리고 있다. 그렇게 책들로 뒤덮여 정신이 없는 사이드 테이블을 어떻게 정리할 수
있을까 고민하던 끝에 책등이 아니라 책의 표지가 보이게 세워둘 수 있는 벽면 선반을
이용하면 좋겠다는 생각이 떠올랐다. 그 주 혹은 그 달에 읽을 책과 잡지, 그리고 함께
들을 음악까지 멋지고 깔끔하게 정리해주는 최고의 아이템이 아닐 수 없다.
먼저 설치할 곳의 넓이를 재고, 제작할 선반의 사이즈를 정한다. 학동역 근처의 철제
업체에 가면 구로철판 선반을 원하는 사이즈로 제작 의뢰할 수 있다. 구로철판은
가공되지 않은 철판으로 상업공간의 인테리어 마감재로 많이 사용된다. 우리는
소재를 철판으로 택했지만, 우드 소재를 이용해도 좋을 것이다. 우드로 제작할 경우는
홍대 부근의 목공소에 제작 의뢰할 수 있다. 책을 세워둘 수 있도록 선반의 앞쪽을
턱이 있는 형태로 제작하는 건 기본! _ *song-i*

TIPS

학동역 부근의 철제 업체에 철판
선반을 제작 의뢰한다 *(코도금속
02-549-3673)*. 철판 두께는 1.2T
정도가 적당하다. 책이 떨어지지
않도록 제작 시 앞쪽에 2cm 정도의
높이로 턱을 주는 게 포인트. 벽면이
콘크리트일 경우 드릴로 벽을 뚫고
칼블럭을 넣고 피스로 고정한다.
벽면이 우드, 석고보드일 경우는
전동공구를 이용하여 피스나 나사로
고정하면 된다*(p.241)*.

007

색색의 종이 새가 날아드는 벽

어렸을 때 종이접기가 한창 유행이었던 적이 있었다. 유행의 힘이었는지 언니와 나는
여러 가지 종이접기를 하며 놀곤 했다. 학이며 개구리, 별…. 어려워하는 나에게
언니가 항상 가르쳐주던 기억이 난다. 이 공간은 신혼부부의 집에서 간단한 화장대의
역할을 하는 곳인데, 어쩐지 심심해 뭔가 기분이 좋아지는 장식이 있으면 좋겠다고
생각했다. 벽에 새 패턴을 붙여야겠다는 아이디어를 내고, 문득 추억의 그 시절
종이접기를 이용해보면 좋겠다는 생각이 들었다.
우리는 컴퓨터의 일러스트 작업으로 종이접기를 한 것 같은 효과를 냈지만, 추억을
회상하면서 좋아하는 패턴의 종이로 진짜 종이접기를 해서 붙여도 좋을 것 같다.
심심한 벽에 간단하게 화사한 장식을 더하는 방법이기도 하고, 아날로그적인 따뜻한
감성까지 불어넣을 수 있다. _ *deulre*

TIPS

일러스트레이터 또는 디자이너가
작업한 다양한 패턴의 지류는 루밍
(02-6408-6700, *www.rooming.
co.kr*)에서 구입할 수 있다.

008

자유롭고 감각적인 타이포그래피

카페 마마스 café mamas 는 신선한 재료가 듬뿍 들어간 과일주스와 파니니로
입소문이 나기 시작해서 최근 역삼동에 6호점을 오픈한 캐주얼 다이닝 카페다.
초기에 내부 스타일링 작업을 위해 우연하게 맺은 마마스와 우리의 인연은
지금까지도 계속 이어지고 있는데, 이제는 인테리어 디자인, 로고 등 전반적인 비주얼
컨설팅까지 담당하고 있다. 처음 스타일링 작업만을 맡았던 서소문 본점의 아담한
내부 공간에 포인트도 되면서 마마스의 대표 메뉴를 알릴 수 있는 방법을 고민하다
시작한 게 이 알파벳 이니셜 장식이었다. 지금은 지점별로 조금씩 다른 인테리어
컨셉트도 반영하면서 어디에서나 사랑받는 벽 장식으로 자리 잡고 있다.
다른 작업들과 달리 이니셜 장식만은 남의 손에 맡길 수 없어 언제나 직접 손으로 수성
페인트나 아크릴 물감을 이용해서 하나씩 만들곤 하는데, 그 과정이 꽤 재미있다.
정해진 정답은 없다. 이런저런 색도 칠해보고 안 어울리면 다시 색상을 벗겨내 보기도
하고, 마스킹 테이프를 이용해서 스트라이프 패턴을 만들어보기도 하고…. 나만의
방법을 찾으면서 작업하는 게 어렵게 느껴진다면 그냥 단색으로만 칠해도 예쁘게
만들 수 있다. 다만 시작 전에 어떤 컬러로 채색할 지 정도의 간단한 계획은 세우는
것이 좋겠다. _ deulre

TIPS

우선 원하는 이니셜을 조합해서 1:1
비율로 프린트한 다음, 그 출력물을
공예 업체에 가져가서 스카시
(이니셜을 따라 오려내는 방법)를
맡기면 된다. 원하는 두께의 MDF
또는 일반 합판으로 이니셜 제작이
가능하다. 사이즈와 두께에 따라
다르지만 두께 18mm 정도에 가격은
이니셜 하나당 1만5천~2만5천 원
선이다(동신공예사 02-2275-2542).

009

고양이 치치가 좋아하는 벽

이 집은 패션 매거진의 편집장이 살고 있는 싱글 하우스다. 처음 이 집에 들어섰을 때, 가장 먼저 눈에 들어온 것은 다름아닌 도도한 페르시안 고양이 치치. 오묘한 그레이 톤의 치치는 집주인과 우리의 첫 미팅 내내 우리 주변을 빙빙 돌며 애교를 선보였는데, 미팅에서 선보여준 치치의 적극적인 '참여'와 반려동물에 대한 의뢰인의 깊은 애정으로 치치의 컬러가 이 집 인테리어의 전체 포인트 컬러가 되었다.

공사기간 내내 고생하던 치치가 첫 입주를 하던 날, 자기의 컬러와 같은 톤의 공간이 기분 좋았는지 그레이 컬러 선반 아래에 편안하게 드러눕더란다. 물론 집주인도 좋아했지만 주인보다도 집에서 가장 많은 시간을 보내는 치치가 새로운 공간을 편안해 한다니 더욱 기쁘다.

조색할 페인트의 양이 많거나 정확한 조색이 필요할 경우에는 컴퓨터 조색이 가능한 업체 칼라메이트 02-3443-2080 에 의뢰하는 것이 좋다. 같이 사는 반려동물의 컬러에서 힌트를 얻은 애정이 담긴 인테리어 컬러는 벽면 페인팅 외에도 카펫의 컬러 선정, 가구 선택 등으로 확장될 수 있다. _ deulre

TIPS

조색할 양이 적거나 간단한 컬러일 경우에는 가지고 있는 페인트에 수성 조색제를 2~3방울 떨어뜨려서 원하는 컬러로 조색한다(p.239). 조색제의 경우, 적은 양에도 컬러가 진하게 올라오기 때문에 처음에는 조색제를 조금만 넣고 중간에 컬러를 확인해가면서 추가하는 것이 좋다.

010

생기를 불어넣는 스트라이프 벽

5~6년 전으로 기억된다. 당시 페인팅을 테마로 월간지 〈메종〉 화보를 찍은 뒤라 여러 색의 페인트가 많이 남아 있기도 하여 방에 페인트를 칠해보기로 마음을 먹었다. 어울리는 컬러 5~6가지를 조색해놓고 마스킹테이프를 쭉쭉 붙여가며 갖은 촬영으로 다져진 도장 솜씨를 발휘해 쓱싹쓱싹 칠해주니 금세 완성! 간격과 컬러를 마음 가는 대로 조절할 수 있으니 세상에 하나밖에 없는 포인트 벽이 완성된다. 여러 색을 활용해 페인팅을 할 때는 미리 컬러 계획을 세우는 것이 좋고, 굳이 간격이 일률적으로 똑같은 스트라이프를 원하는 것이 아니라면 일부러 간격을 다르게 해서, 줄자로 간격을 재고 그리는 번거로움을 피할 수 있다. 일자 라인을 반듯하게 벽에 그리는 것이 어려우니 먼저 마스킹테이프로 수직과 수평을 잡으며 스트라이프 패턴을 이루게 붙인 다음, 그 위에 바로 페인트를 칠하고 마른 다음 테이프만 뜯어내면 된다. 페인트는 벽지용으로 따로 나와 있는 친환경 제품들이 있으니, 이를 이용하면 불쾌한 페인트 냄새 없이 도장할 수 있어 좋다. 비교적 표면에 질감이 없는 벽지여야 깔끔하게 칠하기 좋은 것은 물론이다. _ *song-i*

TIPS

DIY 제품을 주로 파는 곳에서 여러 컬러의 페인트를 각각 소량으로 주문할 수 있다 (문고리 닷컴 1566-6322, *www.moongori.com*). 세 가지 컬러로 합판 사이즈 하나 정도 (120×240cm)를 칠할 경우, 컬러별로 1ℓ 정도씩 있으면 충분하다.

011

커다란 캔버스가 된 고벽돌 벽

카페처럼 편안하지만 분위기 있고, 정형화되지 않은 감성이 담긴 공간이 이 집의 컨셉트였던 덕에 벽지 대신 좀더 자유로운 벽 마감재를 선택할 수가 있었다. 그래서 우리는 건물 외부에 사용하는 고벽돌을 과감하게 내부에 사용하기로 했다. 일반 적벽돌보다 고벽돌은 오래된 듯한 느낌을 주는 소재로 좀더 자연스럽고 따뜻한 표현이 가능하다. 거기에 거칠게 칠해진 페인팅이 함께 어우러지니 휴대폰으로 문자나 카톡을 주고받기보다는 따뜻한 햇살 아래서 오랜만에 손 편지를 쓰고 싶은 아날로그적 감성의 공간이 만들어졌다.
벽돌 벽에 페인트를 칠할 때는 벽의 면적에서 칠하고자 하는 부분의 비율을 어떻게 정하느냐가 중요하며, 벽에 액자를 거는 기분으로 쓱쓱, 너무 깔끔하게 칠하지 않는 것이 포인트! 깔끔하지 않게 칠하는 것은 누구나 자신 있지 않을까? _ song-i

TIPS

벽돌 벽 시공은 보통 시공업체에 의뢰하지만, 본인이 직접 하고 싶은 경우에는 사용하기 편하게 타일식으로 나온 고벽돌을 구입하면 된다. 고벽돌을 배열해 보고 시공 부위를 표시한 뒤 벽돌 뒷면에 실리콘과 글루건을 이용해 부착한다. 벽돌과 벽돌 사이에 생기는 줄눈은 일반 시공에선 시멘트를 사용해 메워주는데, 면적이 작거나 초보자의 경우에는 실리콘을 이용해도 된다. 실리콘은 투명한 것과 흰색인 것이 있다. 접착제는 환기를 시키면 더 단단하게 잘 고정되기 때문에 시공 완료 후 2~3일은 꼭 제대로 환기를 시켜주는 것이 좋다. 종류에 따라 가격이 다르나 고벽돌은 60장(1회배) 기준 2만 원 선이다(마이드림하우스 031-314-8209, mydreamhouse.co.kr).

CAFE MAMAS
Staff Only
HOT
tea
coffee
Note
Live
and
Learn
3

HINT

012

무엇이든 수용하는 칠판 페인트

난 칠판을 참 좋아한다. 미리 계획하지 않아도 떠오르는 대로 그리고 쓰고, 잘못 그리면 언제든지 지우고 다시 시작할 수 있다는 점이 매력적이다. 그리고 컴퓨터의 감정 없는 또박한 글씨보다 사람이 쓰고 지우는 데서 오는 허술한 매력이 좋고, 언제나 무언가 손으로 메시지를 남길 수 있다는 사실이 좋다. 현관문에 칠판 페인트를 칠해두면 외출할 때 잊지 말아야 할 것들을 미리 적어둘 수도 있고, 가족에게 남기는 따뜻한 메시지를 간단하게 적어두는 공간으로 활용할 수도 있을 것이다. 요즘 칠판 페인트는 색상도 너무나 다양하게 나와 있어 인테리어의 포인트 컬러가 필요한 사람에게도 유용한 아이템이 아닐 수 없다. 개인적으로는 기본적인 흑색을 선호하는데 쓰던 가구에 칠하거나 문짝이나 소품에, 그리고 공간을 연출할 때도 많이 사용하는 편이다. 무채색에서 오는 시크함과 특유의 매트한 질감, 그 위에 분필로 자유롭게 그린 이미지가 공간을 생동감 있고 세련되게 만든다고 믿는다. 칠판 페인트는 표면이 매끈한 면이라면 어디에나 적용 가능하며, 방문, 냉장고, 유리병, 목재, 금속 등에 사용할 수 있다. 많이 쓰고 지워서 지저분해지면 물걸레로 닦아 다시 깔끔하게 만들면 되고, 분필가루가 날리는 것이 걱정이라면 분필가루가 많이 날리지 않는 흑판을 잘라서 구입해도 좋겠다. _ song-i

TIPS

칠판 페인트는 200ml 기준 7천 5백 원 선으로 판매한다(*문고리 닷컴 1566-6322, www.moongori. com*). 가급적이면 원액 그대로 사용하며, 희석 시에는 원액 양의 5% 이내의 물을 더하는 것이 좋다. 붓이나 롤러를 사용하여 2~3회 정도 도색하는 것이 적당하다. 흑판은 30×40cm 기준 1만 원 선으로 소량 구입과 원하는 사이즈로 재단이 가능하다(*대한흑판 02-877- 9094, www.dhboard.co.kr*).

FABRIC

가장 쉽고 효과적인 변신, 패브릭

패브릭의 가장 놀라운 점이라면 편평한 원단이
재단과 바느질을 거쳐 무엇이든 만들어질 수
있다는 사실이다. 커튼, 쿠션, 침구, 방석, 테이블클로스 등.
직접 만들어보면 단지 패브릭 하나 바꾸었을 뿐인데
집 안 분위기가 얼마나 화사해지고 생기를 띠는지 알게 될
것이다. 바쁘거나 혹은 솜씨가 부족해 직접 만들기
어렵다면 당당하게 전문가의 손을 빌려보자.

계절마다 새로워지는 쿠션 믹스매치(p.51)

013

유니크 포인트, 동물 모티브 쿠션

분위기 전환을 위해 쿠션을 다르게 매치하고 싶을 때 매번 세트로 구입해야 한다면
여간 부담이 되지 않을 수 없다. 우리만의 노하우를 공개하자면 포인트가 될 만한
쿠션과 베이스로 쓰기에 무난한 쿠션을 나누어 생각하고 틈틈이 구입해 놓는 것이다.
원래 세트로 한 조를 이루는 뻔한 세팅보다 예쁜 프린트나 여러 소재의 쿠션을
믹스해서 배치하는 것을 좋아하는 우리는 일을 위해서뿐만 아니라 집의 소파나 침대
위에 둘 만한 것들도 틈틈이 구입해 놓는 편이다.
베이스 쿠션으로는 베이지, 여러 톤의 그레이, 브라운 등의 컬러가 무난하다. 재질이
좋은 것, 그리고 크고 작은 다양한 사이즈의 것을 구비해둔다. 그리고 포인트 쿠션은
계절이나 인테리어 변화에 따라 한두 개만 적절하게 매치하여 손쉽게 분위기를
전환하곤 한다. 베이스 쿠션은 포인트 쿠션과 색상을 비슷하게 맞추지만, 단조로운
배치를 피하기 위해 패브릭에 질감이 있거나 옅은 프린트가 있는 것이 좋다.
반려동물로 고양이를 키우고 있는 이 댁에는 포인트로 사용할 쿠션으로 고양이
패턴이 직조된 쿠션을 추천했는데, 소재에서 오는 고급스러움과 귀여운 동물의
사랑스러움을 동시에 느낄 수 있는 강력 추천 아이템이다. _ *deulre*

TIPS

고양이뿐 아니라 강아지 모티브 등
다양한 동물 패턴의 쿠션을 피숀
(신세계백화점 강남점 02-3479-
1471), 예원 AID(02-515-9912)에서
구입할 수 있다.

014

컬러 플레이 쿠션

화려한 패턴의 쿠션이 없어도 색상만 잘 맞춘다면 충분히 포인트가 되는 쿠션 매치를
선보일 수 있다. 블루와 베이지, 브라운 컬러의 매치를 포인트로 하는 이 쿠션들은
소재와 형태를 통일하고 오직 컬러의 변화만 주자는 생각으로 연출했다. 모두
단색이면 단조로울 수 있으므로 사선으로 다른 컬러가 배합된 포인트 쿠션을 함께
놓아 마치 컬러 도형을 늘어놓은 듯한 재미를 준다. 세련되고 조화로운 컬러의 매치가
보는 것만으로도 기분 좋고 눈이 행복하다.
컬러 대비가 어렵게 느껴진다면 블랙과 화이트, 그레이의 모노 톤 컬러 매치를
이용해보자. 실패율이 훨씬 적다. 이런 단색 쿠션은 스타일링을 해놓고 나면 의외로
단조로워 보일 수 있으니 디테일이 더욱 중요하다. 사방에 바이어스를 둘러 심플한
형태에 깔끔한 마감을 하는 것이 포인트며, 모두 각기 다른 사이즈로 만들어 사이즈
대비에서 오는 재미를 주는 것이 좋다. _ *song-i*

TIPS

동대문 종합시장 D동 지하에
가면 커튼 제작, 수예를 하는 전문
매장들이 있다. 이 쿠션들은 원단만
가지고 가서 명품수예(02-2274-
0300)에서 제작했다. 공임비는
크기와 디자인별로 달라지는데,
단순한 것은 7천 원부터 비싼 것은
2만 원까지 다양하다.

015

알록달록 패브릭 옷을 입은 거울

이 신혼집의 안주인은 결혼 전부터 쓰던 거울을 가지고 왔다고 한다. 그녀는 밉지도
예쁘지도 않은 그 거울을 바꿔보고 싶다고 했다. 우리는 어떻게 하면 애정이 가는
거울 프레임을 만들까 고민하다가, 늘 숙제로 남아있던 동대문 원단시장에서 받은
원단 스와치들을 활용해보기로 했다.
한 시즌이 지나면, 같은 원단이 더 이상 나오지 않는 게 보통이라 철 지나서 소용
없어진 원단 스와치들은 늘 아까운 골칫거리였다. 예전에는 쿠션을 만들어보기도
하고 가구에 덧붙여 보기도 했었다. 그런데 이 거울 같은 경우는 프레임의 폭이 좁아
스와치를 적용하면 딱일 것 같았다. 보통 스와치 한 묶음에는 같은 패턴의 다양한
컬러 배리에이션이 들어 있기 마련. 그래서 비슷한 듯 어울리는 컬러 톤 배리에이션을
자동으로 얻을 수 있다. 이런 스와치 묶음을 두세 개만 섞으면 통일된 컬러감을 지닌
훌륭한 패치워크 재료가 된다. _ *song-i*

TIPS

패브릭은 3M 스프레이로 프레임에
붙이면 된다. 스와치 원단을
패치워크해 완성한 거울 프레임의
표면은 수성 무광 바니시(p.239)
단정하게 마무리할 수 있다. 수성
바니시는 화방이나 대형 마트,
인터넷 DIY 숍 등에서 소량으로
구입할 수 있다(마이드림하우스
www.mydreamhouse.co.kr).

프로방스풍 리넨 커튼

커튼이야말로 계절에 따라 바꿔주면 효과가 좋은 아이템이다. 물론 컬러나 소재감을
통한 시각적인 효과도 크지만, 얇은 소재의 커튼을 달면 바람이 잘 통해 더운 여름도
시원하게 날 수 있고, 도톰한 커튼을 달면 겨울의 냉기를 차단해주니까 말이다.
특히나 우리 자매처럼 낮과 밤이 바뀐 라이프스타일의 사람들에겐 암막지를 대어
오전의 해를 차단하는 게 필수다. 하지만 보통의 경우, 이사를 하면서 커튼을
한 번 바꾸면 계절 변화와 상관없이 사계절 내내 한 가지 커튼을 보고 사는 경우가
많다. 이렇게 언제 봐도 질리지 않고 무난한 커튼을 원하는 사람들에겐 리넨 커튼을
추천한다. 패브릭을 통해 해가 투과되는 정도가 심하지도 덜하지도 않고 딱 적당하다.
그리고 이 적당한 빛 투과율 덕분에 이중으로 커튼을 달 필요도 없다.
우리는 이 프로방스풍 내추럴한 리넨에 그레이 컬러의 워싱 면을 매치해 좀 더
단정하고 안정된 느낌을 주고자 했다. 의류용 부자재로 판매하는 가죽 끈으로
고리타분한 태슬을 대신하고, 커튼의 상단에는 구멍이 작은 아일렛끈 등을 끼우기 위해
구멍을 내고 마감하는 금속 장식 사이로 가죽 줄을 끼워 간편하게 매달았다. 내추럴한
느낌을 살려 손으로 대강 묶어주는 것이 포인트. _ deulre

TIPS

프로방스풍 리넨 원단은 한섬
(02-2265-2231)에서 구입했다.
커튼 제작 비용은 사이즈별로 다르나
약 5만~20만 원 선이다(명품수예
02-2744-0300). 커튼이 달릴
부분의 1cm 아래에 아일렛 구멍을
낸 다음, 구멍에 가죽 줄을 끼워
커튼을 봉에 매달았다.

017

아이의 손 그림 쿠션

아이들의 그림은 해맑다. 그 해맑음은 어른들이 결코 되돌아 갈 수 없는 높은 창작의 경지이기도 하다. 가끔 이런 아이들의 순수한 그림, 예술적으로 보아도 그 미감이 뛰어난 그림들을 어떻게 활용하면 좋을지에 대한 질문을 받는다. 이 쿠션은 그렇게 아이의 스케치북에서 가져온 모티브를 활용해 만든 것이다. 편집 디자이너 박영미 실장의 딸인 해진이가 그린 그림으로 가족은 물론 방문객까지도 함께 감상할 수 있는 편안한 패브릭 쿠션 속에 담겼다.

스케치북에 있는 그림을 복합프린터로 스캔받고 전사 용지에 출력, 그 이미지를 다리미로 패브릭에 흡착시키면 된다. 아이의 그림을 스케치북에서 고를 때에는 배경이 없는 것으로 택해야 모티브를 하나씩 전사할 수 있어 편리하다. 전사 용지 위에 아이가 그림을 직접 그리게 할 수도 있다. 이미지를 뒤집어서 원단 위에 놓고 다리미로 다리면 즉석에서 전사 프린트 쿠션이 완성된다. _ song-i

TIPS

집에서도 전사 출력이 가능하다. 화방에서 전사 용지를 구입하고 프린터에서 전사 용지 선택 기능을 택해 원하는 그림을 프린트하면 된다(호미화방 02-336-8181). 전사 기능은 이미지를 반전시켜 출력하는 기능으로, 특히나 사용할 이미지에 글씨가 있을 경우 프린터상에서 거울처럼 좌우를 반전시켜 출력하는 것을 뜻한다.

018

꼭 하나쯤 갖고 싶은 실사 쿠션

예전에 학교에 다닐 때, 카메라를 들고 나가 거리에서 이것저것을 찍곤 했다. 켜켜이
쌓인 기왓장, 우수수 떨어진 나뭇잎, 쌓아놓은 나무 장작의 단면 등. 길거리를
다니다보면 요즘은 특히나 많은 사람들이 취미로 사진을 찍는 것 같다. 흐드러지게
피어난 벚꽃, 너무 예쁜 나뭇결. 그런 놓치고 싶지 않은 장면들을 카메라에 담아
집에서 오래도록 간직할 수 있게 하는 방법이 실사 쿠션이다.
자연을 찍은 사진을 프린트해도 실사 특유의 모던함 때문에 묘한 느낌이 나는데 난 그
이질감마저 마음에 든다. 또 딱딱한 나무 등을 찍은 실사와 소프트한 패브릭이 만났을
때의 이질감도 멋스럽다. '부드러운 타자기'로 유명한 조각가 클래스 올덴버그
Claes Oldenburg가 딱딱한 사물을 부드러운 소재로 표현해 일상의 것들을 새롭게
환기시켰듯이, 나에겐 이 실사 쿠션도 하나의 부드러운 조각 같은 의미로 다가온다.
기존의 쿠션에 실사 쿠션 하나만 더해 포인트로 활용하거나, 암체어에 올려두고
사용한다. 또 차가운 이미지의 스틸 소재 의자에 방석으로 활용하면 분위기를 한결
부드럽게 만들어준다. 사실 자연 패턴은 신기하게도 어디에나 그 느낌이 부드럽게 잘
어우러진다. _ song-i

TIPS

원하는 이미지를 패브릭에 디지털
프린트하고 싶을 경우, 업체에
원하는 이미지를 전달하면 된다.
천을 직접 고를 수 있으며, 인쇄된
패브릭을 택배로 받아볼 수 있어
편하게 이용할 수 있다(티포인트
www.tpoint.kr).

1000 CHAIRS
Industrial Design A-Z
SPRING

1000 CHAIRS
Industrial Design A-Z
SUMMER

019

계절마다 새로워지는 쿠션 믹스매치

가장 저렴하게 인테리어에 변화를 줄 수 있는 아이템이 바로 패브릭이고, 또 가장 큰
효과를 가져오는 부분도 패브릭이다. 하지만 너무 화려한 패브릭은 쉽사리 질리게 되니,
패브릭 선택이 그렇게 쉬운 것은 아니다. 같은 소파라도 계절마다의 변화를 느끼게
해주는 사계절 쿠션 매치 노하우를 공개한다.

SPRING

새로운 계절을 좀 더 적극적으로 알리는 방법으로 프린트만 한 게 없다. 봄이면
역시 자연 모티브 패턴이다. 봄이니까 옐로 컬러와 그린 컬러의 매치를 시도했는데,
펜화처럼 그려진 일러스트 패턴 쿠션이 자칫 유치할 수 있는 분위기를 아티스틱하게
소화해준다 짐블랑 070-7809-3798. 크기가 다른 단추를 단 미니 쿠션으로 발랄함을 더했고,
소재는 모두 면을 썼다. _ song-i

SUMMER

여름철 쿠션은 소재가 중요하고, 시각적으로도 더워 보이지 않는 컬러가 포인트다.
우리는 까칠까칠한 마 소재를 선호하는 편. 여름과 기하학적인 패턴은 의외로 잘
어울리는데, 특히 스칸디나비안 스타일과 좋은 매치를 이룬다. 가격 대비 좋은
아이템들이 많은 모던하우스080-973-0352에서 특히 추천하고 싶은 게 쿠션류인데,
여기에 사용된 종이로 짠 까슬까슬한 촉감의 원형 쿠션은 우리가 구입할 당시
2만5천~3만 원 선이었다. _ denlre

AUTUMN

WINTER

AUTUMN

입지 않는 청바지를 어떻게 활용하면 좋을까 하는 생각에서 출발한 쿠션
스타일링이다. 패션을 좋아하는 사람들이 그렇듯, 나 또한 청바지를 무척 좋아한다.
입지도 않는 청바지가 옷장 안에 그득한데도 또 새 청바지를 사게 된다. 그런데 그
청바지들을 결국 정리해야 할 시점이 오면, 가장 아까운 건 뒷주머니, 벨트, 밑단
부분이다. 부위별로 자연스러운 워싱은 일부러 만들고 싶어도 어렵다는 걸 알기
때문이다.
그래서 그 진들로 쿠션을 만들어봤다. 랄프 로렌식 트래디셔널 아메리칸 스타일
매치로 진과 어울리는 가죽 쿠션도 곁들이고 말이다. 하지만 진짜 가죽은 재봉이
어려우니 쿠션은 빈티지한 인조가죽을 이용해 만들었다. 재봉도 쉽고, 관리도 더
편하다. 인조가죽은 가장자리의 올풀림이 덜해 아플리케appliqué로 포인트를 주기도
간편하다. 우리는 카우보이식 버전으로 달리는 말을 오려 달았다. _ *song-i*

WINTER

겨울 쿠션은 소재 자체도 따뜻하고 시각적으로도 편안하고 따스한 느낌을 주는 것이
좋다. 올이 두꺼운 니트 쿠션은 모던하우스에서 구입했고, 유목민 컨셉의 에스닉
쿠션은 에이랜드1566-7477, www.a-land.co.kr에서 구입했다. 헤링본, 하운드투스
패턴의 모직 소재 역시 겨울에 특히 사랑받을 만하다.
두꺼운 원단은 일반 가정용 재봉틀로 다루기에 무리가 있다. 직접 디자인한 쿠션을
갖고 싶다면 이때 만큼은 공업용 재봉틀을 사용하는 전문가의 손을 빌려보자. _ *deulre*

TIPS

아플리케란 바탕천 위에 다른 천이나
가죽 등을 오려 붙이고, 그 둘레를
실로 꿰매는 수예를 뜻한다. 컬러나
디자인이 밋밋한 쿠션이나 커튼에
포인트를 주고 싶을 때 활용하면
좋다.

020

색색의 티셔츠가 모인 빅 쿠션

누구의 옷장에나 잘 입지 않는 티셔츠들이 수두룩할 것이다. 살 때는 예뻐 보였는데 입으면 너무 화려하거나, 네크라인이 밉거나, 아니면 팻이 좋지 않은 그런 실패한 티셔츠들 말이다. 이런 티셔츠는 언젠가 입겠지 하지만, 2년이고 3년이고 옷장에 처박혀 있기 일쑤다.

그렇다면 이런 천덕꾸러기 티셔츠들을 쿠션 커버로 활용하면 어떨까? 티셔츠는 신체에 걸치는 것이니, 잘 때 몸에 닿아도 감촉이 좋은 건 물론이다. 피부가 민감해서 소재 선택에 신중을 기울이는 사람에게도 걱정이 없다. 만들고자 하는 쿠션의 두 배 사이즈가 되도록 티셔츠들을 겹치면서 펼쳐 모양을 잡고 초벌로 티셔츠를 이어 붙인다. 티셔츠의 앞 뒷면을 분리해서 사용해도 좋다. 여러 개를 합쳐 모양이 잡힌 티셔츠 원단으로 쿠션을 감싼 다음 서로 이어 붙이고 시접이 많이 겹쳐지는 부분은 잘라서 정리하고 바느질한다. 우리는 티셔츠 여러 개를 이어 붙여 침실을 위한 커다란 베개를 만들었다. 네크라인과 소매 부분 모양을 일부러 살려서 키치한 느낌을 강조했다. _ *deulre*

TIPS

사이즈가 작아진 아기의 티셔츠를
활용해보면 어떨까? 키치한 느낌을
주어 아이 방에도 잘 어울릴 것이다.

021

귀여운 포인트, 아플리케 커튼

19~21평대 아파트의 경우 현관 입구에 방이 하나 있고, 통로에는 주방과 욕실, 그리고 맨 안쪽이 침실로 이루어진 구조를 종종 본다. 이 집 역시 그런 구조로 이루어져 있었다. 우리와 친분이 있는 에디터이자 이 집의 주인은 현관 쪽으로부터 시선 차단이 아쉬운 침실의 통유리문에 커튼을 달고 싶어했다. 말하자면 외부로부터 프라이빗 라이프를 보장해주는 파티션의 역할을 하는 커튼 말이다.

짙은 색의 커튼을 사용하면 구분은 확실해 보이나 아담한 집이 더 답답해 보일 수 있으니 전체적인 집의 컬러에 어울리는 밝은 베이지 스트라이프 패턴을 적용하고, 벽면에 장식한 삼각형 패턴 시트p.18와 연장된 컨셉트로 커튼 하단에 삼각형 아플리케를 달아 장식했다. 데님 원단이 젊고 캐주얼한 느낌을 더해준다.

작은 포인트이지만 천장에 매달아 장식한 모빌 또한 공간을 서정적으로 마무리해준다. 모빌을 찾고 있다면 루밍www.rooming.co.kr과 서기 모빌 www.seogi.kr 을 방문해보자. _ *song-i*

TIPS

단색 커튼은 밋밋해 얇은 스트라이프 패턴을 택했고, 캐주얼한 데님 원단으로 아플리케 마감했다. 하단의 삼각형 모양을 높이 40cm×밑변 20cm로 제작했다. 아플리케는 인터록으로 마감했는데 빨간 실을 택해 생동감을 더했다.

022

어디서나 환영받는 의자 방석

자연스럽게 낡아 적당한 부드러움과 따스함이 배어든 앤티크 나무 의자를 좋아한다.
그런데 딱딱한 나무 의자에 오래 앉아 있다 보면 방석의 필요성을 절실히 느끼곤
한다. 그래서 아이디어를 떠올린 것이 이 짜투리 천을 이용한 의자 방석이다.
예쁘지만 비싼 수입 퀼트 원단으로 위나 옆면에만 부분적으로 활용해도 좋고,
그야말로 디자인은 만드는 사람 마음대로 나온다. 동대문종합시장 5층에서도 퀼트
천들을 구입할 수 있다. 우리는 충전재로 솜 대신 두께감이 있는 사각 스펀지를
사용했다. 덕분에 생긴 두꺼운 사각 옆면의 시각적 효과는 보는 사람에게 절로 탁월한
쿠션감을 기대하게 한다. 푹신해진 나무 의자에 느긋이 앉아 미뤄뒀던 책이라도 읽고
싶어진다. _ song-i

TIPS

사진에서처럼 솜 대신 스펀지를
방석에 넣고 싶다면, 방석 커버를
먼저 만든 다음 완성된 것을
동대문종합시장에 들고 가서
원하는 두께와 사이즈로 스펀지를
잘라달라고 하면 된다. 스펀지의
밀도 역시 선택할 수 있다 (보광침구
동대문종합시장 D동 1660호,
02-2285-5388).

O23

키덜트풍 종이 인형 쿠션

마트료시카, 로봇, 베어브릭bear brick…. 우리가 키덜트 아이템 컬렉터는 아니지만,
여행을 많이 하고 인테리어 관련 일을 하고 있다 보니 어느덧 컬렉터 비슷한 수준으로
여러 개씩 갖고 있게 되었다. 이런 키덜트 아이템들은 바라보고 있는 이의 머릿속을
맑게 하면서 미소가 떠오르게 만드는 마법이라도 가진 듯하다.
같은 차원에서 쿠션도 이런 키덜트적 감성이 느껴지는 것이면 어떨까 생각했다.
향수가 느껴지는 종이 인형 패턴이어도 좋겠다. 웹서핑을 하다보면 예쁜 빈티지
그림들을 많이 찾을 수 있고, 실제 종이 인형 패턴을 활용하는 것도 괜찮다. 옛날
복식사 책에서도 의외로 멋스러운 복고풍의 패턴과 일러스트를 찾을 수 있고,
옛날 〈보그〉 같은 빈티지 잡지도 소스가 되어줄 수 있다.
패브릭 위에 원하는 패턴을 프린트하려면 업체에 의뢰를 해서 디지털 프린트를 하는
방법과, 집에서 간편하게 전사 프린트를 활용하는 방법이 있다. 전사 프린트를 이용할
경우 원하는 종이 인형 이미지를 좌우 반전이 되게 전사 용지에 출력한다. 출력한
이미지는 흰색 패브릭에 다리미를 이용하여 전사하고, 전사 완료된 패브릭은 인형
패턴의 가장자리 라인을 따라 재단한 뒤 쿠션으로 만든다. _ *song-i*

TIPS

시중에서 판매되는 쿠션들처럼 보다
전문적인 효과를 원한다면 디지털
프린트를 맡길 수도 있다(*티포인트
www.tpoint.kr*). 1:1 사이즈로
일러스트 파일을 보내고 프린트에
적합한 원단을 고른다. 가격은
3만~5만 원 선.

024

스텐실로 찍어낸 쿠션

좀 더 세련된 방법으로 가족애를 과시할 수는 없을까? 가족의 이름에서 따온
이니셜을 하나씩 새겨 넣은 가족 쿠션이 그 해답이 될 수도 있다. 이니셜을 새겨 넣되
유치하지 않게 표현하는 것이 관건. 이니셜은 간편하게 스텐실을 이용해 새길 수
있다. 보통은 표면의 조직감이 느껴지는 원단을 쿠션용으로 추천하지만, 이때만큼은
표면이 오톨도톨하면 스텐실이 잘 찍히지 않으니 소재 선택에 유의한다. 우리는
여기서 워싱된 면 소재를 사용했다. 시트지 위에 원하는 글자본을 그리고 칼로 오려
떼어낸 다음, 글자를 떼고 남은 시트지를 쿠션 패브릭에 붙이고, 그 위에 염색용
염료를 묻힌 스펀지로 찍으면 스텐실 완성.
여러 개의 쿠션으로 컬러 변화를 주고 싶은 경우, 가장 쉽게 적용할 수 있는 방법은
톤 다운된 컬러끼리의 매치다. 채도가 높은 컬러일수록 컬러 선택에 신중을 기해야
하는 반면, 채도가 낮은 컬러들은 어떤 컬러들끼리도 무난하게 어울리기 때문에 실패
확률이 적다. 단색 컬러들의 매치가 심심할까봐 같은 컬러 계열의 스트라이프 패턴
쿠션을 포인트로 하나 곁들였다. _ *song-i*

TIPS

스텐실 본으로 종이 대신 접착력이
있는 시트지를 선택하면 편리하다.
번질 걱정 없이 깔끔하게 찍어낼
수 있다. 스텐실에 사용한 염색용
물감은 대형 문구점에서 구입할 수
있다 *(한가람문구 02-535-6238).*
물감이 마른 다음 후처리로 다리미로
한 번 다려줘야 세탁을 할 때도
안전하다.

TIPS

사이즈도 제각각, 패턴도 제각각인
사각형 원단으로 디자인의 묘미를
느끼게 하는 게 포인트. 사각 패브릭
각각의 가장자리는 재봉틀의
인터록 기능으로 처리해서 원단이
자연스럽게 말리는 효과를 주었다.
커튼 제작 가격은 사이즈와 디자인
별로 3만 원부터 20만 원까지
다양하다 (명품수예 동대문종합시장
D동 지하 88호).

025

제각각인 패턴의 묘미, 커튼 탑

이 집의 주인은 예전에 실크 커튼을 가지고 있었다. 광택이 있는 원단이 가장
고급스럽다고 믿으시는 어른들의 취향에 맞춘 결과였다고 한다. 그리고 이사를 하게
되면서 마침내 원하는 커튼을 가질 수 있게 됐다. 커튼을 새로운 것으로 바꾸게 되면서
우리는 너무 밋밋한 것보다는 조금 장식적인 것이 좋겠다고 합의를 봤다. 화려한
컬러보다는 서로 다른 소재의 조화로, 패턴이 화려하게 들어간 원단보다는 단정한
스트라이프로 승부를 하기로 했다. 그러나 자칫 너무 단조롭지 않을까 하는 걱정이
생겼다. 그래서 탄생한 게 이 행커치프 커튼이다. 손수건 같이 생긴 사각형 원단들이
커튼 위에서 사이즈와 패턴의 대비를 보여주며 디자인 요소로 활용된다. 상단의 커튼 탑
장식만 교체해도 새로운 느낌으로 사용할 수 있으니, 꼭 한번 활용해보자. _ deulre

TIPS

사진 속 담요는 가장자리 처리가
안 되어 있지만, 완성 후 가장자리
안쪽을 따라 돌려서 박아주면 담요가
두 겹으로 뜨는 것을 방지할 수
있다. 사진 속 블랭킷은 120×70cm
사이즈로 제작했고, 제작비는 동대문
수예점에 맡길 경우 3만 원 정도가
든다.

026

컴포트 니트 블랭킷

추운 겨울 차 안으로 처음 들어갈 때는 늘 고역이다. 그러다가 지난겨울, 우연히 차
안에 놓여 있던 블랭킷 덕을 톡톡히 본 다음으론 포근한 무릎 담요가 필수 장비처럼
되어 버렸다. 차 안뿐만 아니라 가을, 겨울에 거실 소파 위에 두고 사용하면 촉감도
좋고 시각적으로도 따뜻하다. 사실 사이즈가 크지 않은 무릎 담요는 뜨개질해서 만들면
수공예적 감성이 최고로 발휘될 수 있는 아이템이다. 하지만 뜨개질할 시간 여유가
없어서 아쉬운 대로 예쁘고 먼지도 덜 나는 니트 원단을 조합해서 사용했다. 뒷면은 면
소재로 마감해서 무릎에 닿는 느낌도 편안하다. 패치워크하는 컬러는 세 가지 정도로만
정해서 번갈아 사용하면 배색하는 데 큰 고민 없이 만들 수 있다. 패치워크 사이사이에
서툰 핸드 스티치를 넣어 아쉬운 대로 손맛을 살려보았다. _ *song-i*

홈 아로마테라피 A to Z

여행을 가면 가장 먼저 사는 게 향초다. 좋은 향기는 낯선 공간도 편안하게 만들어주기 때문이다.
인테리어에 있어서 점점 더 그 역할이 커지고 있는 다양한 아로마테라피 아이템을 제대로 즐기는 법을 소개한다.

아로마 디퓨져 AROMA DIFFUSER

향이 스틱으로 번져 올라오며 지속적으로 공간에 향을 퍼지게 한다. 욕실에서
사용해도 좋고, 거실에도 잘 어울린다. 기존에 판매되는 제품 중에 스틱으로 삼지목이
들어 있는 경우가 있는데, 나뭇가지 모양의 내추럴한 형태라 보기에도 좋다. 삼지목은
반포 고속터미널 경부선 꽃상가나 인터넷 쇼핑몰에서 따로 구입할 수 있다.

룸 스프레이 ROOM SPRAY

은은하게 퍼지는 것보다는 즉각적인 효과를 주고
싶을 때 사용한다. 손님 오시기 직전이나 실내 공기가
별로 좋지 않을 때 뿌리면 좋다. 그 외에도 커튼,
세탁물 등의 패브릭에 뿌리는 리넨 워터, 잠자기 전
베개에 뿌려두는 필로 미스트(pillow mist)가 있다.
개인적으로는 록시땅의 필로 미스트를 즐겨 쓰는데
수면 유도 효과가 정말 좋다.

향낭 SACHET

라벤더 같은 천연 재료를 넣어 향기를 지속시키는 향낭.
차안이나 옷장 서랍 안에 넣는 게 일반적이지만, 얇게
만들어서 베갯속에 넣어도 좋다. 천연 라벤더 원료를
인터넷을 통해 구입할 수 있다(허브테라피 031-405-9754,
www.herbtherapy.co.kr). 향낭은 잔향처럼 미세한 향이
있는 듯 없는 듯 약한 편이다.

향초 SCENTED CANDLE

유리병에 들어 있는 향초는 십중팔구 아로마 오일 함유량이
많은 경우다. 초가 물러서 병에 담아둔 것이다. 반면 용기가
따로 없는 보통의 초들은 태우면서 자연스럽게 형태가
바뀌는 매력이 있지만 경험에 비추어보면 인공적인 향을
지닌 것들이 많았다.

아로마 포트 AROMA POT

증기 형태로 공간에 향이 퍼지도록 하는 아이템이다. 향이 잘 퍼지는 편으로
티라이트 캔들을 열원으로 하는 오일 램프 형태와, 전기에 꽂으면 초음파로
증기를 발생시켜 향기를 확산시키는 무지(www.mujikorea.net)의 초음파
아로마 디퓨저가 있다. 개인적으로는 아날로그적인 캔들라이트 오일 램프가
더 좋다. 아로마 포트 방식은 향기를 지속적으로 유지시켜 주어, 자극적인
룸 스프레이가 싫을 때 더 적합하다. 그리고 집 안이 눅눅하다고 느껴지는
장마철에도 그 정서가 잘 어울리는 것 같다.

LIGHTING

인테리어를 완성하는 핸드메이드 조명

때론 은은하게, 때론 환하게 빛나며 공간을
입체감 있게 마무리해주는 일등공신은 바로 조명이다.
우리나라 사람들은 아직 전등 하나로 대낮처럼
밝아지는 천장 부착형 조명을 가장 선호하지만
플로어 램프, 테이블 스탠드 등 다양한 조명을 함께
배치하면 조도 조절도 자유롭고 분위기도 훨씬 그윽해진다.
이왕이면 기성품 대신 손맛을 담은 개성 있는
조명을 만들어 달아보자.

재료 활용도 100% 법랑 조명 *(p.70)*

027

법랑 그릇, 조명이 되다

사람들은 조명을 구입해서 사용하는 것이라고만 생각한다. 왜일까? 안전상의 이유 때문일 수도 있고, 마음에 드는 디자이너의 조명을 소장하고 싶어서일 수도 있고, 을지로 조명상가에 나가면 저렴한 가격에 구입할 수 있기 때문일 수도 있다. 하지만 조금만 생각을 달리해서 조명을 새롭게 바라보면 어떨까? 사실 만드는 것도 그리 어렵지 않기 때문이다. 우리의 경우는 안전상의 이유로 소켓은 안전검사를 끝낸 완제품 혹은 전기 전문 숍에서 제작하여 믿을 만한 것을 잘 구입해서 쓰고, 갓은 내 마음대로 선택하자는 주의다.

개성 넘치는 법랑 조명은 주방에서 사용하는 법랑 그릇을 그대로 조명으로 활용한 결과다. 낡고 싫증난 법랑 그릇을 활용하면 좋다. 빵틀 같은 경우 기존의 조명 갓 모양과 비슷하게 생기기까지 했다. 물론 조명을 스스로 만들어 걸 때에는 안전상의 문제를 신경 써야 하는데, 가장 중요한 것이 소켓과 조명 갓의 연결 부위다. 조명 갓이 전구 바로 위에 걸쳐 있다면 옳게 설치된 것이 아니고, 소켓 위로 걸쳐지는 것이 맞다. _ *deulre*

TIPS

드릴에 철제용 홀스 *(구멍 뚫는 기구)* 를 연결해 법랑 그릇에 구멍을 뚫는다. 홀스를 구입할 때는 소켓의 지름을 확인하고 가는 것이 좋다. 철물점에서 구입할 수 있고, 구멍만 뚫어 달라고 주문할 수도 있다.

028

셔츠 입은 데스크 조명

누구에게나 안 입는 옷은 계속 생겨나기 마련인 것 같다. 그렇게 입지 않는 옷을
소매를 잘라 다른 옷에 붙이는 등 우리 자매는 리폼을 꽤 시도하곤 한다. 이번엔 입지
않는 셔츠를 조명에 적용해 보았는데 셔츠를 조명등에 입히자는 발상이다.
관절 조명은 프랑프랑 www.francfranc.kr 에서 구입했으며, 안 입는 셔츠를 이용해
조명 갓만 리폼했다. 구체적으로 작업에 들어갔을 때는, 조명 갓의 면적이 셔츠의
실제 사이즈보다 작기 때문에 주머니, 칼라, 밑단 등 셔츠의 디자인이 두드러지는
특정 부위를 잘라서 좁은 면적 내에서 같이 보여질 수 있도록 이어 붙이기를
시도했다. 단추도 몇 개 더 달고 말이다. 완성하고 나니 꽤 그럴듯한 멋쟁이 셔츠
데스크 조명이 되었다. 지금에 와서 드는 생각인데, 작은 보타이도 하나 살짝
붙였으면 더 예뻤을 것 같다! _ *song-i*

TIPS

밑단 라인이 예쁜 셔츠를 선택해
밑단이 잘 보이도록 중심을 잡고,
뿌리는 3M 스프레이 접착제를
이용해 조명에 붙여준다. 셔츠의
남은 천을 이용해 앙증맞은 원형
아플리케를 달아주었다.

029

휴양지 같은 여유로움, 한지 원형등

흰색 원형 한지등을 참 좋아한다. 사람들은 너무 전통적이다, 혹은 촌스럽다는 인식을
가지고 있는 듯하지만, 작은 터치 하나만 해주어도 분위기가 달라지고 게다가 종이
소재라 장식을 붙이거나 그림을 그리기도 쉽다. 가격도 저렴해서 데커레이션을
가하기에도 부담이 없다. 그렇다면 아예 여러 개를 함께 리듬감 있게 걸어 공간에
가볍게 떠 있는 듯한 입체감을 부여해보면 어떨까?
블랙 컬러 포스터 물감으로 패턴을 그려 넣었고, 나머지는 영자 책과 신문을 나비
모양으로 오려 붙여주었다. 사진에서처럼 식탁 위에 포인트 조명으로 활용해도
좋겠고, 침실의 침대 옆에 천장부터 길게 늘어뜨려 사이드 조명으로 사용해도 무드
있겠다. _ *song-i*

TIPS

한지 조명은 반포 고속터미널 상가
3층과 인사동에서 사이즈별로
5천~1만 원 선에 구입할 수 있다.
원형 상태로 된 조명은 면실을
이용해 천장에 매달아 주었다.

030

느슨한 게 좋아, 거즈 램프 갓

개인적으로 매끈하게 각 잡힌 조명은 굳이 만들 필요가 없다고 생각한다. 왜냐하면
그건 어디에서나 쉽게 구입할 수 있으니까. 하지만 오히려 내추럴하고 느슨한 느낌의
조명을 찾기는 어렵다. 조명뿐만 아니라, 나는 어딘지 허술한 자연스러움에서 점점
더 매력을 느끼는 것 같다. 이음선조차 안 보이는 매끈한 디자인보다는 차라리
손으로 만들어서 삐뚤삐뚤한 스티치가 좋다. 그러다 보니, 무언가를 만들어도 너무
잘 만들려고 노력하기보다는 마음 가는 대로 만들어서 차라리 약간은 엉성한 듯한
매력을 지니게 한다. 그 편이 볼수록 더 정이 가서 좋다.
사진 속 조명은 원래 가지고 있던 블랙&화이트의 조명을 마음에 들게 리폼한
결과다. 디자인도 무난하고 멀쩡한 조명이었음에도 거실 구석에 우두커니 서 있던
천덕꾸러기였다. 아무리 비싸게 주고 산 아이템이라 해도 마음에 들지 않거나, 적당한
자리를 찾지 못하면 아무 쓸모가 없는 법이다. 그런데 오히려 팽팽해서 개성 없던
갓을 편하고 느슨한 거즈 천으로 바꿔주었더니 공간에 부드럽게 융화되었다. 성긴
거즈 천을 통해 빛 투과도 잘되어 더 만족스럽다. _ *song-i*

TIPS

조명의 베이스 프레임만 따로 구입할
수 있다 (메가룩스 02-2265-6911).

031

기분 좋은 자극제, 그래피티 램프

그래피티를 흔히들 자유로운 예술이라고 한다. 낙서처럼 자유분방하고 즉흥적인
에너지가 그 안에서 넘쳐나기 때문일 것이다. 이 조명은 장 미셸 바스키아의 그림 같은
자유로운 감성을 집에서도 시크하게 표현할 방법을 찾다가 생각해낸 것이다.
사실 우리가 그래피티 아트를 달리 보게 된 계기가 있다.
월간지 〈메종〉과의 작업에서 그래피티 아트를 주제로 한 화보 진행을 맡게 된 때였다.
촉박한 스케줄 때문에 목공소에서 집 모형이 제작되면 밤새 그래피티 아티스트들이
그 위에 그림을 그리고, 이것을 아침 일찍 촬영장으로 옮겨야 하는 강행군이 요구되었다.
본의 아니게 그래피티 아티스트가 밤새 목공소에서 작업을 하는 동안 그 옆을 지키고
서 있어야 했던 것. 처음엔 피어싱이며 옷차림부터 범상치 않은 그들이 무섭다는
생각까지 들었지만, 같이 얘기를 나누면서 그들이 누구보다 순수한 마음을 지닌
사람들이란 걸 알게 됐다. 그리고 이 조명은 그런 추억에서 비롯되어 그래피티 아트를
모티브처럼 하나씩 인테리어 아이템에 적용하면 어떨까 하는 생각에서 출발한 것이다.
인터넷 웹사이트에서 다양하게 소개되고 있는 그래피티 폰트를 그대로 사용해서 전사
프린트만 하면 된다. 조명도 좋고, 쿠션에도 적용할 만하다. _ *song-i*

TIPS

다양한 폰트 디자인을 소개하고
있는 웹사이트들이 많이 있다
(www.fontsquirrel.com).
여기에서 그래피티 폰트를 다운
받아 파워포인트나 일러스트
프로그램에서 사용하면 된다. 마음에
드는 컬러로 바꿔서 전사 용지에
프린트를 하고, 그것을 원하는
패브릭 위에 다리미로 다려서
붙이면 완성!

032

패턴 패브릭을 활용한 펜던트 갓

언젠가부터 우리는 조명 갓의 형태가 늘 보아오던 것처럼 플라스틱 필름을 두른
빳빳한 원통 형태가 아니어도 된다는 사실을 깨달았다. 그 후로는 해외 인테리어
숍에서 구입한 예쁜 패브릭 냅킨을 활용하는 등 여러 가지 버전의 패브릭 조명을
만드는 데서 재미를 찾고 있다. 물론 직접 만든 조명은 사용하기 전에 장시간 켜 놓고
지켜보는 등 화재 방지를 위한 철저한 검증을 동반해야 한다!
이곳, 카페 마마스의 인테리어 스타일링을 맡은 우리는 따뜻하고 여성스러운 조명을
구상했다. 바로 패브릭 조명이 딱이었다. 천을 두 겹씩 대니 각기 다른 패턴의
풍부하고 다양한 느낌이 서로 어우러진다. 패브릭 조명의 좋은 점은 정확한 사이즈를
측정할 필요도 없이, 만들어 나가면서 자연스레 갓의 형태와 길이를 조절할 수 있다는
점이다. 여러 개의 패브릭 조명을 나란히 설치했는데, 펜던트의 사이즈와 높낮이를
달리하면서 경쾌한 율동감을 연출해보았다. _ *deulre*

TIPS

조명 프레임과 고급스러운 골드
소켓은 을지로 조명상가에서 구입할
수 있다. 패브릭을 조명 갓에 입힐
때는 소켓의 지름에 맞춰 패브릭
중앙에 원형의 구멍을 내거나 십자로
자르면 된다. 소켓에 조명 프레임을
끼울 때는, 전구 위에 바로 걸치지
말고 반드시 소켓 위쪽으로 프레임이
걸리도록 신경 쓴다.

다양한 사이즈의 패브릭 펜던트를 높낮이를 달리해 걸어 율동감이 느껴지는 카페 마마스 강남점의 내부

033

주방에 빈티지 스타일 펜던트 달기

집을 개조하면서 보게 되는 많은 경우가 구조 변경, 마감재 시공 등 기본 공사를
마치고 나면 이후부터 들어가는 돈에 인색해지는 경우다. 하지만 조명, 가구 등
실제 생활을 이루는 것들에 조금만 신경을 쓰면 훨씬 더 만족스러운 삶을 누릴 수
있다. 우리는 너무 매끈해서 모델하우스 같이 차가운 공간보다는 조금 서툴러 보여도
인간미가 느껴지는 공간 연출을 선호하는데, 막 리노베이션을 끝낸 이곳의 주방에는
빈티지한 펜던트 조명과 앤티크 식탁을 함께 매치해보았다.
또 한 가지 소개하고 싶은 것은 펜던트 조명의 설치법. 주방 조명의 전선은 보통
하나로 나와 있기 때문에, 여러 개의 조명을 사용하고 싶은 경우에는 전기 공사를
따로 해야 한다. 그렇게 전기 공사를 하면 원하는 위치에 전선을 빼주긴 하지만,
그 다음부터 위치를 바꾸는 것이 아예 불가능하다. 이 집 역시 조명의 전기선이
처음에는 하나로 나와 있었는데, 을지로 조명상가에서 하나의 전선을 세 개의
전선으로 활용할 수 있도록 하는 유닛을 구입하고 구멍이 세 개 뚫린 캡을 제작
의뢰해서 사진에서처럼 세 개의 펜던트 조명을 달 수 있었다. 게다가 고리를 이용해서
조명의 전선을 천장에 고정하면 각각의 길이 및 위치 조절도 할 수 있어서 좋다.
조그만 주방이지만 한쪽 벽면만 컬러 페인트로 칠하고, 디스플레이 선반을 달아
다양한 스타일이 믹스되는 분위기로 꾸며보았다. _ *deulre*

TIPS

특수 제작한 캡(전선 구멍이 세 개
난)과 전선의 전체 제작 비용은 8만
~10만 원 정도이다. 사진 속 빈티지
느낌이 나는 펜던트 조명은 개당
5만~8만 원 선(대광조명 02-
2267-0886)에 저렴하게 구입할 수
있는 것이다. 조금만 발품을 팔면
원하는 것은 의외로 가까이에 있다!

034

추억이 폴폴, 엄마의 도일리 조명 갓

우리 엄마는 늘 뭔가 만들기를 좋아하신다. 패브릭으로 만드는 것부터 시작해
코바늘 뜨기, 털실 뜨개질까지 말이다. 취미로 그림도 그리시는데 수준급이다. 이런
엄마가 예전에 코바늘로 만들었던 도일리doily 전화기받침. 사실 누구의 집에나 있을
만한 아이템이다. 언젠가부터 촌스럽다고 생각해서 집안 어딘가에 안 쓰고 묵혀
뒀었는데, 어느 날 문득 꺼내 보니 색이 바랜 것이 빈티지가 따로 없었다. 이걸 어떻게
활용해볼까 하다가 때마침 램프의 프레임만 가지고 있던 것이 생각나서 램프 갓으로
시도해 보았다.
코바늘뜨개 도일리는 성긴 구멍이 어디에라도 나 있어서 프레임에 끼우기도 쉽다.
조명을 켜 보니, 레이스에 투과된 예쁜 그림자가 환상적이다. 게다가 우리가 유럽
여행 때 마음에 들어 구입했던 종이 토끼 모형과도 너무나 사랑스럽게 잘 어울린다.
형태가 빳빳하지 않아도 조명 갓으로서의 역할이 가능하다는 것을 깨달은 우리는
요즘도 여러 가지 버전의 패브릭 조명 갓을 시도하고 있다. _ *song-i*

TIPS

코바늘뜨개 도일리를 조명 갓으로
이용할 경우, 위쪽 홀에 조명을 끼워
넣고 프레임에 살짝 걸쳐주면 끝이다.
조명 갓이 아래로 늘어뜨려지도록
추 역할을 하는 열쇠 모양, 깃털
모양의 작은 참(charm)들을
바느질로 달아주었다. 이런 참들은
동대문종합시장 부자재상가에서 쉽게
구입할 수 있다.

ARTWORK

우리 집에 어울리는 작품 걸기

작품을 탄생시키는 것은 작가의 몫이지만
작품을 선택하고 공간에 어울리게 소화하는 것은
보는 사람의 몫이다. 어렵게 생각할 필요는 없다.
주방에 과일을 그린 정물화를 걸어두는 식으로
작품의 주제와 공간의 특징을 연관짓는 것부터 시작해보자.
회화, 사진 작품 등의 구매를 고려 중인
초보 아트 러버를 위한 조언과 함께 집 안에
넘쳐나는 아이의 그림, 가족사진을 작품처럼
활용하는 방법을 소개한다.

작품 협찬 · 초혜희(위안재이 갤러리), 변재희(비투프로젝트)

아트 프레임으로 변신한 집게 행어(p.95)

035

가구와 그림의 컬러 공식

어떻게 하면 공간 내에서 작품을 효과적으로 연출할 수 있는지 원앤제이 갤러리의
큐레이터 최혜원 씨에게 물었던 적이 있다. 답은 간단했다. "실제 공간의 특징적인
부분이 작품의 모티브와 연관지어져 있다면, 그것만으로도 공간과 작품 간의
이상적인 조화가 이루어져요. 주방 공간에 실제 주방에서 볼 수 있을 법한 도구나
풍경을 그린 사진이나 회화 작품을 걸어두는 식이죠. 너무 뻔하고 식상한 매치가
아닌가 생각할 수 있는데, 실은 그렇지가 않아요. 그런 직접적인 방식이
훨씬 더 작품을 자연스럽게 소화하는 방법이에요."
그렇다면, 컬러도 이런 방식에 적용될 수 있겠다 싶었다. 인테리어의 기본 중 하나가
컬러 매치니까 말이다. 작품에서 포인트가 되는 컬러 중 하나를 골라 같은 컬러의
의자나 소품 등 갖고 있는 아이템을 작품 가까이에 배치해보자. 기본적으로 공간에
컬러가 별로 없이 작품을 포인트처럼 걸어보았는데, 색이 맞는 의자를 곁에 두니 실제
크기가 아담한 작품의 영향권이 더 넓어진 느낌이다. 또한 블루와 베이지 컬러의 보색
대비로 자칫 단조로울 수 있는 분위기를 풍성하게 만들었고, 건물의 외벽을 그린 회화
옆에 일부러 도자기 새 오브제를 걸어 새가 건물에 앉은 듯한 상상력을 발동시켰다.
회화는 김수영 작가의 작품 Headquaters, Kyunghyang Newspaper Co. 이다. _ song-i

TIPS

사이즈가 작은 작품일수록 작품
속 포인트 컬러를 하나 골라, 주변
인테리어 아이템을 그 컬러에
맞춰주자. 이렇게 하면 작품의
영향권은 캔버스에서 공간 전체로
확장된다.

036

손바닥 모티브 프티 캔버스

아이의 조그맣고 귀여운 손바닥으로 하나하나 찍어 만든 그림. 어린아이가 있는
집이라면 꼭 한번 시도하기를 강추하는 아이템이다. 아이가 크고 난 다음에도 추억이
담겨 있어 더더욱 값진 작품이 될 것이니까 말이다.
이 작업의 좋은 점은 만들기 쉽다는 것. 디자인을 굳이 생각하지 않고 정말 마음대로
찍기만 해도 하나하나가 독특하고 의미 있게 완성된다. 아이가 좋아하는 색으로 마음껏
찍어보게 해도 좋겠다. 사진 속의 프티 캔버스는 포토그래퍼 임태준 실장의 두 아이가
완성시켜준 것이다. 그래서인지 아이들의 그림을 바라보는 아빠의 애정이 느껴지는
것만 같다. 실제로 손바닥을 패턴으로 그림을 만들 때는 사진보다 좀 더 촘촘하게 찍는
것도 좋으며, 원색의 다양한 컬러를 활용할 경우 모던한 공간을 위한 컬러 포인트로
활용할 수도 있다. 아이와 놀이하는 듯한 기분으로 함께 만들어보자. _ *deulre*

TIPS

손은 물론 발로도 재미있게 만들어
볼 수 있다. 아이의 신체를 이용해서
만드는 작업이니, 무독성 물감을
사용하는 것만 지키면 된다. 캔버스는
다양한 사이즈로 어느 화방, 대형
서점에서나 구입할 수 있다.

037

아트 프레임으로 변신한 집게 행어

어린아이가 있다면 어느 집이나 그림이 넘쳐나기 마련이다. 스케치북, 인쇄 용지,
벽이고 할 것 없이 넘쳐나는 그림에 낙서까지. 하지만 생각을 바꿔서 보면, 미술
작품이라는 게 값비싸게 구입한 작가의 작품만 뜻하는 게 아니다. 누군가가 거기에
가치를 부여하면 조그만 낙서도 바로 작품이 될 수 있다. 더군다나 천진난만한
아이들이 그린 그림은 어른이 따라 하려고 해도 도저히 따라잡을 수 없는 순수한
천재성을 지니고 있다. 그런 아이들의 작품을 실용적이고도 멋스럽게 걸어둘 수 있는
것이 바로 이 집게 행어다.
이 아이디어는 지극히 실용적인 데서 출발했다. 매일매일 새로운 그림을 그려내는
아이들의 그림을 매번 바꿔주기에 완벽하게 손쉽다. 벽면에 상장처럼 걸린 자신의
그림을 바라보고 뿌듯해할 아이의 모습이 그려진다. 좋아하는 메모, 포스터 등을 액자
없이 걸어두기에 역시 좋은 아이디어다. _ *song-i*

TIPS

예쁜 옷걸이를 살 수 있는 곳은
다양하다 (*광전상사 02-2275-7804,*
www.kwangjenmq.co.kr). 우리는
우드 집게를 사용했지만, 우드의
컬러도 다양하며 철제 재질의 집게도
선택 가능하다.

038

장식 효과 만점의 아트 포스터

개인적으로 좀 더 공간을 세련되게 꾸미고 싶을 때면 아트 포스터의 힘을 빌린다.
액자에 넣어도 좋지만, 프레임이 없이 그냥 걸어도 나름의 멋스러운 분위기를
만들어주기 때문이다. 아트 포스터만으로도 도배나 별다른 공사 없이 손쉽게 공간의
분위기를 바꿀 수 있다. 특히 주방 옆이나 식탁이 있는 벽면에 포인트 데코로 이용할
만하다. 그 공간에 머물면서 즐겁게 볼 수 있으니 말이다.
아트 포스터를 여러 개의 액자에 걸어 꾸밀 경우 액자의 프레임은 어떻게 맞출까
사이즈는 어떻게 달리할까 고민하게 되는데, 요즘에는 크고 작은 사이즈들을 골고루
섞어서 판매하는 액자 세트가 나와 있어 연출하기가 훨씬 손쉬워졌다. 사용할 아트
포스터에 컬러가 많다면 프레임은 통일성 있게 한두 가지 정도의 소재로만 이용하는
것이 좋다. 사진에서는 좋아하는 CD 커버도 함께 걸어 보았다. '작품 걸기'라고 해서
너무 어렵게만 생각하지 말고 아트 포스터부터 가볍게 시도해보자. _ *deulre*

TIPS

10세트에 3만~5만 원 선으로
사이즈별 액자를 저렴하게 구입하고
싶다면 에이모노 *(02-545-0805,*
*www.amono.co.kr)*를, 특이하고
감각적인 포스터를 찾고 있다면
키스마이하우스 *(www.kissmyhaus.*
*com)*를 방문해보자.

039

모던한 공간을 위한 달항아리 연출법

만든 사람의 온기가 느껴지는 도자기 작업들을 좋아한다. 그중에서도 백자 달항아리는 특별히 좋아하는 아이템 중 하나다. 원형에 가까운 모양과 우윳빛 유약이 마치 달을 연상시킨다고 하여 '달항아리'라는 지금의 이름을 얻었다고 한다. 이 달항아리는 우리나라 사람들뿐만 아니라 서양인들도 좋아하는데, 동양적인 정서가 전통을 대변하면서도 모던한 공간에 잘 어울리기 때문일 것이다. 백자 달항아리의 말갛고 둥근 표면을 바라보고 있노라면 그 안에 담긴 고요한 정서가 나에게도 전해지는 것만 같다. 이런 달항아리는 하나만 있어도 그 자체로 아름답지만, 여러 개가 같이 놓여 있으면 또 다른 느낌을 낸다. 여러 개가 모여서 컬렉션을 이룰 때 더해지는 힘이랄까?

무엇을 컬렉션하든 색상을 하나로 정해서 모으면, 공간에 연출하기가 손쉽고 스타일링에 실패할 확률이 적어진다. 도자기 작품의 경우에도 색상을 화이트로 정해서 모으면, 번번이 우리 집에 어울리는지 아닌지 고민할 필요도 없어진다. 게다가 이렇게 그룹으로 모여 있을 때 더 커다란 존재감을 드러내며 공간에 힘 있게 작용한다는 것도 이점이다. _ *song-i*

TIPS

작은 달항아리는 캐스팅을 떠서 전통 기법을 현대적으로 해석해 나비 모티브를 더한 것으로 바다 디자인 아뜰리에(02–592–5342, *www. badadesignatelier.com*)의 것이다. 커다란 달항아리는 우일요(02– 763–2562) 김익영 작가의 것이다.

040

작품과 어울리는 그린 인테리어

식물 키우기를 부담스러워하는 사람이라도 그린 컬러는 집 안에 꼭 들이고 싶어한다.
자연의 감성을 조금이나마 느낄 수 있기 때문이다. 식물 대신 아예 자연을 표현한
작품의 도움을 받아보는 건 어떨까? 실제 자연이 아니라 하더라도 자연의 모티브를
집안으로 끌어들여보는 거다.
일상 속 자연 풍경을 담아낸 사진가 염중호의 사진 작품들 Nouvelles Frontieres 과
자연을 모티브로 한 인테리어 소품 및 가구를 함께 연출해보았다. 덕분에 실제
자연은 작은 유리병에 꽂은 나뭇가지밖에 없는데 초록빛 자연의 감성적인 효과가
극대화되었다. 그린 컬러는 내추럴한 우드 인테리어와 잘 어울리는 것은 물론이고,
이렇게 화이트 혹은 블랙 계열의 모노 톤 인테리어에서도 시크한 느낌을 강조하는 데
진가를 발휘하는 매력 만점의 컬러다. _ song-i

TIPS

작품을 여러 개 함께 걸어 장식할
때 몇 점을 함께 거느냐는 본인의
자유다. 하지만 화랑가에서는 1점,
3점, 5점 이렇게 홀수로 거는 것이
일종의 룰처럼 지켜진다고 한다.
우리는 5점의 사진을 세로로 길게
걸어 벽에서 오는 여백의 미도 함께
살려보았다.

041

가족이 직접 만드는 포토 캔버스

아기가 있는 집은 늘 아이 사진 찍기에 바쁘다. 게다가 요즘엔 일반인들도 DSLR
카메라를 사용해 사진을 잘 찍고, 포토샵 작업도 능하다. 이런 좋은 결과물들을 좀 더
적극적으로 활용할 방법은 없을까?
그런 의미에서 제작해 본 이 포토 캔버스는 아기의 사진을 패브릭에 프린트해서
만든 것이다. 전문 사진 작가가 찍은 것처럼 느낌이 좋고 어떻게 보면 회화 같기도
하다. 이렇게 패브릭 위에 사진을 인쇄하면 소재 자체에서 오는 따뜻함이 더해져서
사진이 더 풍부한 느낌을 갖게 되는 것 같다. 아이의 기념일에 찍은 사진을 작품처럼
커다랗게 만들어 걸어보는 건 어떨까? 흑백사진인 데다 프레임이 없어서 더 세련된
느낌이 든다. 개인적으로 사진 작업은 프레임이 없는 게 더 멋스럽다고 생각한다.
특히나 사진 속 포토 캔버스는 어느 집에나 가지고 있을 법한 다른 액자들과도
무난하게 잘 어울려서 어느 장소에서나 환영받을 수 있을 것이다. _ *deulre*

TIPS

포토샵으로 사진을 조정할 수 있는
경우에는 필터 기능을 사용해서 좀
더 그림 같은 질감을 내봐도 좋겠다.
사진을 패브릭에 프린트하는 비용은
1야드 기준 4만 원 선*(예안실업
02-2168-3040)*. 프린트를 마친
패브릭은 캔버스에 싸서 뒤쪽을
타카로 마무리하면 된다.

042

벽으로 확장된 작품

작품은 물론 그 자체만으로도 존재감이 충분하다. 하지만 우리는 이왕이면 그 작품이 공간 주인의 시각으로 한 번 더 재해석됐을 때, 온전히 그 집의 일부가 된다는 생각이다. 작품을 탄생시키는 것은 작가의 몫이지만 그 다음 그것을 어떻게 받아들이느냐는 보는 사람의 몫이듯 말이다. 그런 의미에서 캔버스 안에서 완성된 작품의 연장선으로 내가 작품을 보고 느낀 것을 공감할 수 있게 약간의 터치를 가미하는 것도 유쾌하고 즐거울 수 있다.

사진에서 보는 작품은 텍스트를 모티브로 한 유승호 작가의 펜화 작업이다 Echowords Series & 마수리. 작품의 모티브에서 영감을 이어받아 벽면에도 타이포그래피 모티브의 시트지를 붙여보았다. 작품도 일렬로 나란히 걸지 않고 가로와 세로로 리듬감 있게 연출해보았다. _ deulre

TIPS

작품의 모티브에서 영감을 이어받아 타이포그래피 모티브의 시트지를 제작해서 붙였다. 텍스트는 폰트 디자인 사이트에서 다운 받았고 (www.fontsquirrel.com), 텍스트를 접착력 있는 시트지로 제작하는 데는 약 5천 원의 비용이 들었다 (애드뱅크 02-2274-5544).

043

디아섹 사진으로 시크한 포인트

혜화동에 가면 한 번씩 꼭 들르는 곳 중에 인테리어 디자이너 변재희 실장이 운영하는
카페 비투프로젝트www.b2project.co.kr가 있다. 독일에서의 유학 생활 동안 자연스레
익숙해지고 모으게 되었다는 빈티지 가구들이 커다란 식물들과 어우러져 있는데,
나무 아래에서의 휴식을 연상시키는 오아시스 같은 장소다.
이곳이 특별한 이유가 또 있으니, 바로 작품과 공간 사이의 자유분방한 매치다.
"아트워크의 생생한 컬러감을 공간에 활력을 불어넣기 위해 활용해요. 회화도
좋지만 사진의 선명한 색상이 주는 느낌은 또 다르다고 생각해요." 그녀는 사진을
액자 프레임에 넣는 대신 아크릴판 사이에 넣고 압축, 코팅을 거치는 디아섹Diasec
방식으로 만들어 걸기를 좋아한다. 디아섹 처리된 사진은 액자 없이 바로 걸 수 있을
뿐 아니라, 사진의 제 색이 더욱 또렷하게 강조되는 특징이 있다. 컬러 포인트로
사진을 이용하고 싶을 때 활용하면 다른 어떤 그림보다도 훨씬 멋스럽고 시크하다.
예전에는 독일에서만 제작이 가능했는데, 요즘에는 국내에서도 이 디아섹 액자를
제작해주는 곳들이 많이 생겼다. 비투프로젝트 카페 내에서 강렬한 레드 컬러의
포스를 뿜어내고 있는 의자 모티브 사진은 이문호 작가의 작업이다. _ song-i

TIPS

디아섹(압축아크릴액자)이란
투명한 아크릴판 사이에 사진을
넣고 압축, 코팅하는 방식이다.
독일에서 개발되었으나 이젠
국내에서도 제작하는 곳이 있다.
가격은 초기에 비해 많이 저렴해진
편이다. 50×60cm 사이즈일 경우
포토피아에서 9만 원(세일가)에 제작
가능하다.

044

세상에서 가장 우아한 헤드보드

침대에 헤드보드가 없는 경우에는 머리맡 벽면을 백지 도화지처럼 자유롭게 연출할
수 있어서 좋다. 개인적으로 가구가 많지 않은 공간에, 헤드보드가 없고 침대를
낮게 세팅한 동양적 감성의 침실을 선호한다. 가구에 치이는 일 없는 그런 간결한
공간이야말로 진정한 휴식을 가능케 할 것 같기 때문이다. 그런 공간에 마음을
안정시켜 주는 작품을 하나 걸어둔다면 더 바랄 게 없을 것이다.
여기 사진 속 공간은 바로 그런 의미에서 이상적인 침실이 아닐 수 없다. 공간의
주인은 인테리어 디자이너인 변재희 실장이다. 그녀는 빈티지 가구 및 아트
컬렉터답게 집에서도 아트워크를 스타일링에 적극 활용하는 센스를 발휘하고 있다.
집 안에 걸려 있는 아트 작품들은 서로 다른 캐릭터를 지니고 있지만 전체적으로 잘
어우러진다. 모두 그녀의 수관적인 취향에 의해 선택된 것들이기 때문일 것이다.
여기 침실 헤드보드를 대신해 걸려 있는 수묵화 기법의 작품은 독일에서 활동하는
이미경 작가의 회화다. 무채색의 작품 톤이 침구의 밝은 컬러 및 패턴과 의외의
조화를 이루며 공간에 차분한 무게감을 불어넣어주고 있다. 헤드보드가 따로 없는
침대를 위해 응용해보면 좋은 멋진 아이디어다. _deulre

TIPS

초보 아트 컬렉터일수록 미니멀한
작품을 선택하는 게 안전하다.
무채색 역시 안전한 선택이다.

STEP BY STEP

초보자를 위한 아트워크 컬렉션 A to Z

예술은 우리에게서 그렇게 멀리 있지 않다. 그리고 작품을 구입하는 경로는 우리가 생각하는 것보다
훨씬 더 다양하며, 가격 또한 도전해볼 만한 수준이다. 원앤제이 갤러리의 큐레이터 최혜원 씨에게 초보
아트 컬렉터를 위한 팁을 들어보았다.

Jung Lee, I still remember, C-type Print, 136×170cm, 2010

Suh Dong-wook, S# Orange Night, Oil on Canvas, 116×81cm, 2011

1. 작품 구입 경로

일반인이 참여할 수 있는 아트 페어도 얼마든지 있다. 국내에서
개최하는 크고 작은 아트페어들을 둘러보고 작품을 보는
시야를 넓히자.

아시아 탑 갤러리 호텔 아트페어(AHAF)

Asia Art Net Committee의 주최로 개최되는 페어다. 딱딱한
갤러리가 아니라 호텔 룸에 작품들을 진열해 놓고 판매하는
이색적인 설정으로, 크고 작은 갤러리뿐 아니라 옥션도
참여한다. 침실, 거실, 주방 등의 실제 공간에서 작품을 보기
때문에 어렵게만 느껴지던 미술작품도 친근해지고, 실제
장소와 비교하며 볼 수 있어서 좋다. 부담 없는 가격대와 소품
위주의 작품이 많은 것도 장점. www.hotelartfair.kr

한국 국제 아트페어(KIAF)

키아프는 국내 미술 시장 중 가장 큰 페어로
한국화랑협회가 주최한다. 국내외 저명한 갤러리들이
참여하기 때문에 세계에서 각광받는 작가와 작품을 알 수
있고, 작품의 흐름을 파악할 수 있다. 회화, 조각, 판화,
사진, 설치, 미디어아트 등을 소개하며, 이미 유명해진
작가의 작품이 많은 만큼 작품의 가격 역시 만만치 않다.
작가론과 미술투자 성공전략 등 VIP를 위한 각종 강연 프로
그램도 함께 마련된다. http://kiaf.org

아시아프(ASYAAF)

30세 미만의 아시아 대학생·청년작가 미술축제로 아시아
젊은 작가들의 작품을 감상하고 구입할 수 있는 행사다. 올
2012년에는 조선일보사와 문화체육관광부 공동 주최로 8월
1일부터 26일까지 옛 서울역사를 리모델링한 문화역 서울
284에서 개최됐다. 대학생이나 갓 졸업한 작가들의 작품을
저렴한 가격에 구입할 수 있는 것이 장점이다.
http://asyaaf.chosun.com

2. 뮤지엄과 갤러리 관련 정보 얻기

전시 정보 사이트
전시 정보 사이트에서는 지역별로 다양한 전시 일정들을 빠르게 업데이트해서 알려준다. 네오룩닷컴 *www.neolook.net*, 김달진미술연구소 *www.daljin.com*가 대표적이다.

갤러리 가라지 세일
갤러리에서도 해마다 가라지 세일을 한다. 일정은 매년 바뀌기 때문에 갤러리 측에 문의하는 것이 좋다(서미앤투스 *www.seomituus.com 02-511-7980*, 갤러리 팩토리 *www. factory483.org 02-733-4883*).

미술품 경매
누구나 알고 있듯, 경매에서는 운이 좋으면 좋은 작품을 싼 가격으로 구매할 수 있다. 한국에선 케이옥션과 서울옥션의 규모가 가장 크다. 경매를 구경만 하는 것은 절차가 없어도 되지만, 응찰을 하려면 몇 가지 절차가 필요하다. 우선 연회비 10만 원(*2012년 서울 옥션과 케이옥션 기준*)을 내고 경매 회사에 유료 회원으로 가입을 해야 한다. 회원에 가입하면, 경매가 있을 때마다 도록을 받아볼 수 있다. 경매 1~2주 전에는 작품을 미리 볼 수 있는 프리뷰 전시가 열리는데, 여기에서 마음에 드는 작품이 생기면 응찰 등록을 해서 자리를 미리 예약한다.

3. 작품 구입 시의 유의점
작품의 제작 시기, 작품의 희귀성, 도록 게재 여부 등을 꼼꼼히 분석한 뒤 구매하도록 하자. 도록에 게재되어 대표작 격이 된 작품일수록 가치도 높아진다. 또한 가격이 막 오르기 시작한 작품이 실질적으로는 재테크에도 많은 도움이 된다.

4. 작품 연출 시 주의할 점
액자에 넣은 상태라고 안심해서는 안 된다. 작품은 습도에 민감하기 때문에 집 안 또는 작품이 있는 공간의 습도를 항상 체크해 주어야 한다. 또한 작품에 직사광선이 쬐는 것을 피하도록 하고, 장기간 조명에 작품이 노출될 경우 색감이 변질되는 경향이 있으므로 6개월이나 1년을 주기로 작품의 위치를 바꾸어 주는 것이 작품의 손상을 막는 방법이다.

작품 사진 제공·원앤제이 갤러리 02-745-1644, www.oneandj.com

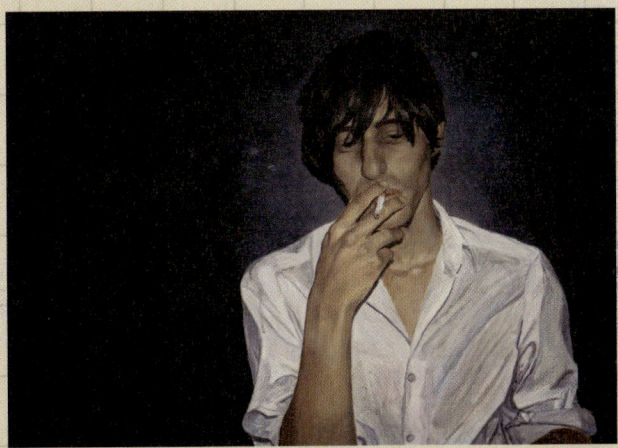

Suh Dong-wook, S# Fumee, Oil on Canvas, 72.7×53 cm, 2011

Kim Suyoung, Chon Kun Dang building, Oil on Canvas, 50×50cm, 2011,ONE AND J.Gallery

FURNITURE

세상에 하나뿐인 나만의 맞춤 가구

누군가는 아직도 가구는 그저 가격과 기능에 맞춰
고르는 게 다라고 생각할지 모르겠다.
디자인은 그저 부차적인 느낌일 뿐이라고.
하지만 그 느낌이라는 것은 가구의 소재, 비례감,
기능, 표면감 등 작은 디테일 하나까지 모두 어우러져
완성되는 것이다. 내 쓰임에 필요한 가구를
직접 맞춰 사용하는 뿌듯함은 누려본 사람만이 안다.
취향에 맞게 디자인을 주문하거나 컬러를 칠하는 등
나만의 맞춤 가구를 만들어보자.

고재 상판을 얹은 4인용 테이블(p.127)

O45

목공소에서 제작한 주방 가구

좀 더 특별하고 개성있는 주방을 원한다면 일반 주방 가구 업체의 획일화된
시스템 가구를 선택할 것이 아니라, 가구 제작 업체에 제작을 직접 의뢰해 보는 것도
방법이다. 아주 고가의 수입 가구가 아니라면 대개의 주방 시스템 가구는 실용성
위주의 디자인과 소재로 별 개성이 없기 때문이다.
이 아파트의 주방 가구는 가구를 전문으로 제작하는 목공소에 맡겨 제작했다. 개성이
있으되 실용적인 관점 역시 반영한 것이 이곳 주방 가구의 컨셉트. 한쪽엔 상부장을
없애고 요리책을 올릴 수 있는 선반을 준비했고, 부족한 조리 공간을 해결하기 위해
개별 제작한 하부장에는 필요에 따라 조리대로 확장해 활용할 수 있도록 바퀴를 달아
넣었다. 또 좁은 공간이지만 주방과 거실의 분리를 위해 아일랜드 겸 바를 설치하고
쉽게 구할 수 있는 두 가지 종류의 타일을 매치해 포인트를 주었다. 예쁘지만
불편하지도 않은, 개성 넘치는 꿈의 주방은 멀리 있지 않다. 주방 가구는 청소하기
쉬운 소재로 선택하는 게 제일이라는 단순한 생각의 틀에서 벗어나보자. _ song-i

TIPS

가구를 전문으로 제작하는 목공소에
주방 가구 제작을 맡길 경우,
디자인을 해주지는 않기 때문에
원하는 디자인의 사진과 정확한 실측
사이즈를 가져가는 것이 중요하다.
실용성도 놓치고 싶지 않다면
상판은 인조대리석으로 시공해도
좋으며, 도마용 소나무를 사용하면
상판을 바로 도마처럼 사용할 수
있어 편리하다 (우리홍익가구나라
02-336-4139).

046

2인용에서 6인용 변신 테이블

싱글 여성을 위한 이 집은 처음부터 무난한 것보다는 실험적인 것, 러블리한
컬러보다는 모노 톤을 사용해 시크한 느낌을 주는 것이 컨셉트였다. 그래서 전체적인
인테리어에 상공간에서 볼 수 있는 소재들을 과감히 적용한 것이 포인트다.
아무리 혼자 사는 싱글 하우스지만 손님들이 오거나 작업을 할 일이 생기면
큰 테이블이 필요하기 마련.
공간이 넉넉하지는 않지만 6인용 테이블로까지 활용 가능한 이 테이블은 원리 또한
너무나 간단하다. 길이와 폭이 같은 두 개의 긴 직사각형 테이블을 평소에는 벽면과
주방 아일랜드를 따라 배치해두어 책상과 간이 다이닝 테이블로 각각 사용하다가,
필요할 때 두 개를 붙여 최대 6인까지 앉을 수 있는 확장형 다이닝 테이블로 활용하는
것이다. 테이블 다리는 클래식한 형태를 띠고 있지만 컬러는 모노 톤으로 페인팅 되어
모던한 의자들과도 잘 어울린다. _ *deulre*

TIPS

공간에 적합한 테이블 사이즈를
결정하는 것이 가장 중요하다. 또
테이블의 폭이 너무 좁으면 반으로
나�었을 때 쓸모가 없어지기
때문에, 나누어 사용할 때의 용도를
기준으로 제작하는 것이 좋다.
일반인들이 상판 위에 손쉽게 연결할
수 있도록 별도로 판매하는 원목
다리는 손잡이닷컴(*www.sonjabee.
com*) 에서 쉽게 구입할 수 있다.
피스나 나사로 손쉽게 상판에
연결시킬 수 있다.

047

모던하게 변신한 소반

소반은 참 아름답다. 해주반, 나주반, 통영반, 호족반 등 출신 지역마다 생김이 다
다르지만 그 온화하고 평온한 느낌은 모두가 한결같다. 언젠가 잡지에 소반에 대한
나의 사랑을 피력하기도 했었는데, 이런 개인적인 소소한 감상을 떠나 소반은 활용도
면에서도 사랑받을 만한 아이템이다. 본래 용도로 손님이 올 때 개인 다과상으로
사용해도 좋지만, 여러 개를 쌓아두면 간단한 장식장처럼 사용할 수도 있고, 침대
옆에선 사이드 테이블로도 사용할 수 있다. 집 안 인테리어에 우리 전통 가구와
믹스매치를 시도하고 싶다면 작은 소반으로 시작해보기를 추천하는 바이다. 어느
집에서도 분명 빛을 발할 수 있으리라 확신하기 때문이다.
앤티크 소반을 구입하고 싶다면 이태원 고가구 전문 대부앤틱 www.daebooantique.com
을 추천하는 바이지만, 또 하나의 옵션으로는 요즘 생산되는 저렴하고 깔끔한 소반을
구입해서 컬러도장을 하여 모던한 스타일로 리폼하는 방법이 있다. 앤티크에 비해
가격도 저렴할 뿐만 아니라 요즘 유행하는 스칸디나비안 스타일의 가구들과 어렵지
않게 믹스매치할 수 있다. _ *song-i*

TIPS

사진 속의 소반은 저렴하게 구입한
일반 소반을 사포를 이용해 표면의
광택을 벗겨내고, 프라이머를 바른
후 원하는 색상으로 붓 자국이 나지
않게 두 번 이상 페인트칠한 것이다.
소반은 5만~10만 원의 가격에
구입할 수 있다 (*박씨상방 www.
koreasang.co.kr*).

048

디자인 포인트 수납장

사진 속의 수납장은 스칸디나비안 스타일을 디자인에 접목해 직접 제작 의뢰한 것이다. 심플한 사각 디자인에 얇고 긴 다리를 접목한 것이 포인트. 이런 멋스러운 디자인의 가구는 보통 특별한 분위기를 연출하고 싶을 때 필요로 하게 된다. 거실의 한 코너에 둔다거나 침실에 두는 등 수납의 용도를 위해서라기보다는 디자인 포인트로서 활용되는 것이다.

이렇게 기능보다 디자인을 우선시하여 놓는 가구의 경우, 내부 선반은 착탈식으로 하거나 선반 간의 간격을 변동할 수 있게 만들어 각종 잡동사니 등을 수납할 수 있게 하면 좋다. 문이 달려 있으므로 부담 없이 어떤 것이든 수납할 수 있기 때문이다. 사진 속 가구 역시 아기의 작고 간단한 의류 아이템들을 위한 수납장으로 활용되고 있다. 또한 복도나 방, 거실 어느 곳이든 포인트로 두기 좋은 사이즈와 높이이므로, 이사하게 되더라도 활용도가 높다. 수납장의 손잡이에는 신주로 만들어진 문 잠금쇠를 적용해 전통과 현대가 교차하는 듯한 유니크 포인트를 만들어주었다. _ deulre

TIPS

사진 속 수납장은 다리를 최대한 얇게 만든 것이 포인트다. 내구성이 걱정된다면, 부분적으로 철제를 적용해도 좋다. 나무 톤은 월넛을 사용해 차분한 느낌으로 마무리했다.

O49

서랍장을 이용해 만든 책상

5년 전쯤 비슬리bisley 서랍장의 인기가 치솟을 무렵, 이 책상의 주인도 비슬리
서랍장을 이용해서 책상을 만들고 싶어했다. 아기자기한 주인의 취향을 좀 더
반영하고자 여러 가지 다양한 서랍함을 이용해 수납의 기능과 개성적인 형태를 지닌,
지금의 데스크를 완성했다. 지금은 비교적 이런 형태의 가구가 종종 눈에 띄지만,
그래도 5년 전이나 지금이나 변함없이 유니크한 아이템이 될 수 있으니, 집안의
포인트로 한번쯤 시도해보는 것도 좋겠다.
가구를 직접 제작하게 되면 자신의 필요에 따라 디자인과 용도를 자유롭게 확장할
수 있어 좋은데, 여기에서는 책상 상판의 세로 길이 만큼이나 서랍이 깊은 것에서
아이디어를 얻어 양쪽에 각각 위 아래로 서랍을 달았다. 덕분에 의자를 앞뒤 어느
쪽에 두고 사용해도 불편함이 없는 재미있는 책상이 탄생했다. 원하는 컬러를 미리
정해서 제작업체에 가져가고, 가구 제작 후 전면에 자투리 천이나 벽지를 붙여
리폼해도 좋다. _ *song-i*

TIPS

서랍의 손잡이도 원하는 것으로
다르게 달아 재미있게 연출하는 것이
포인트. 손잡이는 온라인 손잡이
닷컴(*www.sonjabee.com*) 등에서
쉽게 구입할 수 있다.

050

그라데이션 기법으로 칠한 의자

도장 마감이 안 되어 있는 톤 체어 ton chair 시리즈는 내가 구입했던 여러 가지 다양한 의자들 중에 단연 베스트로 추천하는 아이템이다. 나무를 구부리는 곡목bentwood 기술을 이용해 한 세기도 더 전에 디자인된 이 의자는 클래식한 듯 모던한 곳에서도 잘 어울린다. 그냥 그대로 사용해도 되지만 내 맘대로 컬러를 바꾸어 칠할 수 있는 것도 마음에 든다. 게다가 오리지널 디자인 체어인데 비해 상대적으로 가격까지도 훌륭하다! 마감처리가 전혀 안 되어 있는 제품을 그대로 사용할 경우 때가 타기 쉽다는 단점이 있는데, 유광이나 반광 페인트를 사용해 원하는 컬러를 칠하거나 혹은 마지막에 수성 바니시로 마감하면 된다. 그동안 너무 채도가 높아 기피하던 형광 핑크 컬러를 사용해 그라데이션 기법으로 칠하였더니, 공간에 포인트도 되고 새로운 느낌이다. 다음번엔 에메랄드 컬러로 도전해보아도 좋을 것 같다.

가구를 그라데이션 기법으로 칠할 때는 약간의 기술이 필요하므로 미리 신문지 등에 연습하고 시작하는 것이 좋겠다. 먼저, 그라데이션 할 두 가지 색상을 위한 붓과 깨끗한 붓을 하나 더 준비, 두 가지 컬러를 각각 칠하고 페인트가 마르기 전에 준비해둔 깨끗한 붓에 물만 아주 조금 묻혀 두 컬러가 만나는 지점의 페인트가 섞이도록 왔다 갔다 칠해준다. _ song-i

TIPS

색을 칠할 때 물기가 많으면 페인트가 주르륵 흘러내리기 때문에 농도 조절에 주의한다. 그라데이션이 마음에 들지 않으면, 말린 후 다시 덮어 칠해 똑같이 시도하면 된다. 톤 체어는 라꼴렉뜨(02-548-3467, www.lacollecte.kr)에서 구입할 수 있다. 21만 원 정도.

051

고재 상판을 얹은 4인용 테이블

고속도로가 아닌 작은 지방도로를 지나다 보면 고미술상들을 종종 보게 된다. 들러
보면 서울에서 판매되고 있는 가격의 반 정도에 구입할 수 있는 착한 가격의 제품들을
발견할 수 있다. 물론 눈을 크게 뜨고 구석구석 잘 살펴봐야 발견할 수 있고 소복한
먼지와 더러움을 닦아내는 수고는 필요하다. 이 고재 상판도 그렇게 얻은 착한
제품이다. 수년간 요리 화보 촬영을 위한 배경으로 요긴하게 이용하다가, 사용하던
테이블에 상판으로 올려 고재 테이블로 재탄생시켰다.
목공소에 고재 상판을 가지고 가서 원하는 사이즈로 잘라 모서리를 다듬고 기존
테이블 상판을 떼어내고 고정했으며, 실용성을 위해 거친 표면 위에 무광 바니시를
두껍게 발라서 마감하였다. 지금 이 테이블은 우리들의 카페 '재미있고'의 안쪽
창가에 놓여 옛것 특유의 그윽한 매력을 발산하고 있다. _ *deulre*

TIPS

고재 상판이 주는 묵직한 느낌이
자칫 진부해 보일 수 있어 다리는
흰색으로 깔끔하게 도장했다.

052

우유박스로 만든 만능 수납장

인테리어에 대한 영감을 얻을 수 있는 장소는 무궁무진하다. 대형 마트에 쌓여 있는 운반용 나무 팔레트들을 보고 소파에 활용해보기도 하고, 물건을 나르는 카트를 보면서 카트형 진열장을 떠올리기도 한다. 마트에서 이런 나의 눈을 사로잡은 우유박스가 있었으니…. 우유를 담아 나르는 용도여서 무거운 무게에도 끄떡 없고 손잡이 부분도 매끄러워 서랍 형태로 이용하기에 더할 나위 없이 좋은 아이템이었던 것이다.

좋은 아이디어라며 생각만 해두고 실행에 못 옮기던 중이었는데, 실제로 둘러보니 요즘엔 매장 인테리어에 활용된 사례도 종종 눈에 띄곤 한다. 키치한 느낌을 살려 아이가 있는 집에 아이 장난감 수납장으로 활용해도 좋겠고, 통풍이 잘되기 때문에 주방에서 감자, 양파 등 실온으로 보관하는 채소 보관 용기로 활용해도 좋다. 함께 서랍으로 활용한 작은 노란색 박스는 공장에서 작업용 공구들을 정리하는데 사용하는 플라스틱 공구 정리함으로 작은 물품들을 수납할 수 있어 좋다. 사이즈도 다양하게 나와 있어서 수납할 물품의 사이즈에 맞추어 골라 사용할 수 있다. _ *deulre*

TIPS

다양한 사이즈의 플라스틱 박스는
P마켓(www.p-market.co.kr)
에서 구입할 수 있다. 수납장의
전체 프레임은 박스 사이즈에 맞춰
목공소에서 제작하면 된다.

053

거실 사이즈에 맞춘 TV장

거실을 전체적으로 리노베이션하지 않고도 전형적이고 삭막한 아파트 거실에서
벗어날 수 있을까? 이 집 거실은 촌스러운 아트월을 제거하고 TV장과 거실 벽 마감을
함께 세트처럼 연출하는 것으로 문제를 해결했다.

모듈로 쌓아서 설치할 수 있는 우드 TV장은 내추럴한 디자인도 멋스럽고 무엇보다
원하는 모양으로 얼마든지 재배치가 가능하다는 것이 가장 큰 장점. 각각 서랍이나
문이 달린 형태, 오픈 수납장 형태를 적절히 섞어 놓아 필요에 맞춰 사용하도록 했다.
모듈 박스 안쪽에 오렌지 컬러를 적용, 단조로움을 피한 것도 포인트다. TV장의 나무
소재로는 티크 무늬목을 사용했다. 전체적으로 월넛 톤을 사용할 경우, 분위기가 너무
어두워질 수 있으니 티크나 오크 톤을 더 추천하고 싶다. _ *deulre*

TIPS

원하는 색과 나무 재질을 정하고
제작을 맞기면 실패할 확률이 적다.
사이즈가 각기 다른 모듈형 가구를
쌓거나 배치하여 만드는 방식이므로
각각의 수납장에 들어갈 가전기기와
살림살이를 미리 계획하고 사이즈를
꼼꼼히 체크하는 준비가 필요하다.

054

뚝딱 만드는 우드 헤드보드

가격 대비 좋은 효과를 지닌 나무가 있는데, 나왕 각재가 그렇다. 아주 단단하지는 않아 무거운 물건을 올리는 용도의 가구를 만들기에는 무리가 있지만, 침대 헤드보드와 같은 장식 용도로 제작하기에는 만들기도 쉽고 무엇보다도 가격 대비 훌륭하다. 손타카로 연결 부위를 고정하면, 집에서 직접 무엇이나 만들 수 있다. 게다가 쉽게 못을 박을 수도 있으니 완성한 후 간단히 시계나 액자 등을 걸어 장식하기에도 그만이다.

여기 신혼집의 경우 침대의 헤드보드가 없는 것을 아쉬워하고 있었고, 더불어 콘크리트 벽면에 못을 박는 일이 수월하지도 않거니와 벽에 못 자국이 생기는 것을 꺼려하고 있었는데 나왕 각재로 패널을 만들어 침대와 벽면 사이에 끼우니 그 모든 것이 단번에 해결됐다. 시각적으로도 헤드보드의 역할을 해서 좋지만, 그 위에 자유롭게 벽면 장식을 할 수 있다는 것 역시 덤으로 얻는 즐거움이다. _ *song-i*

TIPS

나왕 각재는 어느 목재소에서나 구입 가능하며, 사진 속 헤드보드는 각재와 각재 사이 간격이 30mm으로 제작되었다. 30×40×2100mm 기준 개당 2천 3백 원 정도의 가격이다. 여기서는 헤드보드로 제작하였지만, 벽면 전체에 월 데코 형식으로 사용해도 좋겠다. 우드모아(070-4138-1318, www.woodmoa.com).

055

트레이 레스트 테이블

나왕 각재를 활용해 사이드 테이블을 제작해보았다. 시중에 많이 나와 있는 심플한
우드 트레이가 상판이 될 수 있다면 베이스 프레임만 하나 짜두고 트레이를 교체할
때마다 새로운 사이드 테이블이 탄생한다는 아이디어에서 출발했다.
실제로 나왕 각재로 입체 직육면체 프레임을 만들고 그 위에 원하는 트레이를 올리니
간단히 완성! 트레이는 내추럴한 컨셉트의 무지 www.mujikorea.net 제품을 사용하면
무난하게 사용가능하며, 이노메싸 www.innometsa.com 에서 판매하는 브랜드
헤이 hay의 트레이를 사용하면 예쁜 컬러로 포인트를 더할 수 있어 추천하는 바이다.
테이블 프레임은 트레이의 면적에 비해 조금씩 작게 제작하는 것이 포인트. 그래야
트레이를 위에 얹었을 때 프레임이 감춰져서 깔끔하다. _ *song-i*

TIPS

프레임에 트레이를 올렸을 때 쉽게
미끄러지지 않도록 트레이의 바닥
면에 투명한 밀림방지 패드를 붙인다.
밀림방지 패드는 손잡이닷컴(*www.
sonjabee.com*)에서 구입할 수 있다.

PLANT

가까이에서 느끼는 힐링, 그린 데코

식물을 키우면서 가장 좋은 점은 자연이 주는
정서적인 안정을 누릴 수 있다는 것이다.
실내에 식물이 있는 것만으로도 충분히 좋지만,
어떤 화기에 담느냐에 따라 그것은 단순한 자연에서
둘도 없는 인테리어 포인트로 바뀌기도 한다.
꼭 비싼 화기일 필요는 없다. 깨진 찻잔, 소박한 토분 등을
이용해 100% 무공해 인테리어를 완성해보자.

플라워 & 식물 내용 자문 및 도움 가드닝 카페 선릉점 · 서현점(네이버 블로그)

빈티지 보틀을 이용한 플라워 센터피스(p.142)

056

머리에 야생화 가든을 얹은 콘솔

아파트에서 식물을 키우고 싶어도 화단까지 만들기는 어렵다. 화단을 특별히
제작하기엔 공간적으로나 비용 면에서나 엄두가 안 나기 때문일 것이다. 그러니
마음에 드는 화분을 들여 놓는 것이 고작이다. 그런데 그 화분들을 한곳에 나란히
올려두면 또 얘기가 달라진다. 여러 개의 화분들을 콘솔이나 테이블 등 하나의 가구에
나란히 올려두는 것만으로도 자연이 극대화되는 느낌이다.
여기 사진 속에서는 콘솔과 비슷한 컬러의 토기로 화분을 통일했다. 결과적으로는
자연의 그린 컬러를 더 강조시키는 효과를 준다. 흐드러진 나뭇가지, 자연스러운
야생화들의 조합으로 실내답지 않게 정형화되지 않은 자유로운 스타일로 꾸민 것이
포인트다. 식물뿐 아니라 오리, 오줌싸개 인형 등 가든용 오브제도 함께 배치했다.
이 정도면 삭막한 아파트라고 해도 여느 야외 가든 부럽지 않은 정서적인 특혜를 누릴
수 있지 않을까? _ *deulre*

꽃만 있어도 예쁘지만 꽃이 졌을
때를 대비해 잎이 예쁜 식물들을
섞어서 배치하면 좋다. 미니
화단에는 키가 높은 것과 낮은 것을
잘 섞어서 배치하고, 물 관리 방법이
비슷한 식물들 위주로 선택한다.
가구 위에 화분을 얹었을 때의 물
관리는 밑받침을 이용하거나
싱크대에서 물을 준 다음 물을
털어내고 두는 방식으로 한다. 사진
속 화분들은 보뜨 플라워(070-
4125-8934, www.botteflower.
com)에서 판매한다.

057

거실 오브제로 변신한 고무나무 화분

보통 공간의 단조로움을 피하기 위해 높이가 높은 플로어 스탠드 조명을 사용하거나
펜던트 조명을 사용하는데, 키 큰 화분이 있다면 그것만으로도 공간에 생동감을 살릴
수 있다. 큰 화분은 입체감과 높이감을 줄 뿐 아니라 형태에서 오는 조형미로 인해
오브제의 효과까지 노릴 수 있기 때문이다. 사진 속 고무나무는 잎의 형태와 모양이
예쁘기도 하지만 콘크리트 느낌의 화기와 믹스매치되어 더욱 특별한 느낌을 준다.
작은 화분을 나란히 매치하는 것도 좋지만, 커다란 나무를 공간에 들이는 데는 분명
그만의 특별한 매력이 있다.
햇빛이 많이 드는 거실에서 가을이면 분위기 있게 단풍이 드는 남천, 잎이 커서
시원하게 가습기 역할을 해주는 알로카시아, 공기 정화에 좋은 고무나무, 보기도 좋고
향도 좋은 유칼립투스, 건강해서 보기 좋은 오렌지자스민 등 거실에 두면 특별히 빛을
발하는 커다란 식물들을 이용해 그 어떤 디자인 아이템도 흉내 낼 수 없는 자연의
풍성한 감성을 들여보자. _ *song-i*

TIPS

사진 속 콘크리트 느낌의 사각
화분은 인테리어 오브제 같은 효과도
있다(보뜨 플라워 *070-4125-8934,*
www.botteflower.com). 실제
나무의 키가 크지 않아도 화분
자체가 길기 때문에 더 길어 보인다.

058

빈티지 유리병으로 만든 플라워 센터피스

플로리스트처럼 꽃을 전문적으로 다루지 않아도 쉽게 꽃으로 센터피스를 만들 수 없을까 고민해왔다. 그러다 인사동 보뜨 플라워에 컬렉션되어 있는 프랑스 빈티지 유리병들을 발견하고 이를 활용해보기로 했다.

사진 속의 빈티지 병들은 보뜨 플라워의 서희정 대표가 모아온 것들이다. 한꺼번에 모은 것이 아니라, 시간을 들여 한두 개씩 모아온 것들이라 각자의 스토리를 간직하고 있고 그래서 더욱 멋스럽다.

사진 속 플라워 센터피스는 잔잔한 야생화를 컨셉트로 꾸며진 것이다. 높낮이를 달리하고 줄기가 부드럽게 구부러지는 것들로 꾸미는 게 포인트다. 기본적으로 꽃을 고르기 전 원하는 컬러 톤을 정해주는 것도 좋다. _ *deulre*

TIPS

빈티지 유리병 플라워 센터피스에 사용된 꽃들은 스위트피, 골든볼, 클레마티스, 스카비오사 등이다. 송이가 너무 큰 꽃을 피하고 잔잔한 분위기로 연출했다. 빈티지 유리병들은 보뜨 플라워(070-4125-8934, *www.botteflower. com*)에서 구입할 수 있다.

호접란의 경우 건조한 것을 피해주고
통풍에 신경을 써주면 키우기 어렵지
않다. 꽃이 있을 때는 보통 일주일에
한 번, 꽃이 진 후에는 열흘에 한 번
정도 물을 준다.

059

침실에 어울리는 식물은 따로 있다

아무 곳에나 식물을 둔다고 다 좋은 것이 아니다. 식물은 밤 사이 이산화탄소를 뿜어내기
때문에 잠자는 곳에는 식물을 두지 않는 게 상식이다. 침실에서는 식물 키우는 것을 가급적
자제해야 한다는 얘기! 하지만 그래도 식물을 방 안에 두고 싶다면, 난을 키워보자.
난은 밤에도 이산화탄소의 발생을 걱정할 필요가 없는 식물이라고 한다.
특히 호접란에서는 음이온이 나와 침실에 두기 좋다. 화분은 직사광선을 피하되, 약간
밝은 곳에 배치하자. 우리는 이 난을 어떻게 장식할까 고민하다가 너무 동양적인 이미지로
보이지 않도록 스칸디나비안풍의 도자기 옆에 매치해 보았다. 의외로 스칸디나비안풍의
절제된 듯한 자연 모티브 디자인과 동양적인 이미지로만 인식이 굳어져 있던 난이
세련되게 잘 어울리는 모습이다. 역시 자연은 서로 통하는 게 있나 보다. _ *song-i*

TIPS

욕실에서 아이비를 키울 때는 줄기가
약간 두꺼운 것을 고르는 게 좋다.
화기로는 와이어가 달린 시험관
형태 유리 용기에 담아 두는 것도
좋겠다. 그 밖에 욕실에서 키우기
좋은 식물로는 암모니아 냄새를
빨아들이는 테이블야자가 있다.

060

욕실에서 키우기 좋은 아이비

식물 키우기에 애정이 없는 것은 아니지만 식물을 키우고 가꾸는 일이 쉽지 않은 일임은
틀림없다. 바쁜 일상이 좋은 핑계거리가 되곤 한다. 하지만 식물을 잘 키우는 비결이
다른 게 아니라, 정성에 있다는 사실을 깨닫게 된 이후부터는 예쁜 식물을 볼 때마다
욕심을 내곤 한다. 그래서 최근에 우리 집과 카페에 새 식구로 들여온 화분이 여럿 된다.
그중 욕실에도 식물을 키우면 좋을 것 같아서 자문을 구한 결과 아이비를 추천받았다.
아이비는 물에만 담그면 줄기가 잘린 상태에서도 뿌리가 바로 나는 데다가, 습기가 많은
곳에서도 잘 자라는 식물이란다. 아이비 역시 해를 좋아한다고 하니 해가 조금이라도
들어오는 창이 있는 욕실이라면 더 바랄 게 없겠다. _ *song-i*

061

찻잔을 활용한 플라워 장식

누구나 아끼는 찻잔이 이가 나가거나 깨져서 마음 쓰라렸던 기억이 있을 것이다. 우리 역시 잡지, 광고 등 여러 가지 촬영을 하고 물건을 반납하는 과정에서 가끔 물건이 손상되어 속이 상하곤 한다. 특히 도자기 제품은 아무리 조심을 해도 가끔 이런 사고 때문에 울며 겨자먹기로 구입하게 된다.

하지만 이런 찻잔도 다 유용하게 사용하는 방법이 있으니, 바로 꽃꽂이 화기로 이용하는 것이다. 찻잔뿐 아니라 뚜껑이 없어진 티팟도 좋다. 기능을 상실했다고는 해도 이렇게 함께 모이면 또 다른 아름다운 풍경을 연출해준다. 찻잔은 화기로서 높이가 낮고 입구가 넓은 편이라 머리가 큰 장미나 작약 등의 꽃을 길이만 짧게 잘라 꽂으면 잘 어울린다. 좀 더 단단하게 고정시키고 싶다면 플로랄폼 오아시스을 작게 잘라 찻잔 안에 넣어 장식하는 것도 방법이다. _ *deulre*

TIPS

플로랄폼이 밖으로 보여 흉하지
않도록 꽃의 배치를 신경 쓰고,
유칼립투스 등의 다른 잎사귀.
들꽃을 믹스해 빈 부위를 채워나가며
풍성하게 연출해도 좋겠다.

062

드라이플라워가 좋아

사실 꽃꽂이를 별로 좋아하지 않는 사람들도 있다. 나 역시 혼자 감상하기 위해서
인위적으로 꽃을 절화하는 것이 마음에 걸려 최근에는 꽃꽂이보단 화분을 더
선호하게 되었다. 그 외에도 피어 있는 한순간이 아니라 오래도록 볼 수 있는
드라이플라워를 선택하는 것도 좋겠다. 단, 모든 꽃이 드라이플라워로 즐기기에
적합한 것은 아니라고 한다. 잎사귀나 꽃잎이 두꺼운 것들일수록 좋다. 빛이 너무
많은 곳에서 건조시킬 경우에는 너무 바래버려서 색이 예쁘게 마르지 않는다.
물에 꽂아서 느리게 건조시키는 꽃이 더 예쁜 경우도 있는데, 이럴 때는 물을 자주
갈아준다거나 곰팡이가 생기지 않게 하는 등 각별한 관리가 필요하다.
사실 안국동의 플라워 숍 보뜨 플라워 www.botteflower.com 를 방문하기 전까지는
드라이플라워가 이렇게 다양할 수 있고 예쁜 것인지 몰랐다. 수수하지만 독특한
매력이 있는 식물들을 많이 소개하는 그곳에는 사진처럼 벽면 높은 곳에 갖가지
고운 색을 띤 드라이플라워들이 걸려 있다. 어떤 꽃들은 건조가 되었을 때 또 다른
자신의 매력을 드러내기도 하는 것 같다. _ deulre

TIPS

꽃을 말릴 때는 햇빛과 밝은 조명이
없는 곳에 널어 서서히 말린다.
무엇보다도 통풍이 가장 중요하다.
뭉쳐서 말리면 곰팡이가 생기기
쉬우니, 꽃의 대를 따로 따로 분리해
놓고 건조시킨다. 꽃대가 힘이
없는 경우에는 뉘이거나 매달아서
건조시킨다. 수국의 경우에는 얼굴이
커도 꽃잎이 가볍고 줄기가 두꺼워서
세워서 말려도 괜찮다.

063

과학 용구도 훌륭한 화기가 된다

마른 꽃들이 좋은 이유는 손이 안 가면서도 자연의 느낌을 낸다는 거다. 이런 드라이플라워를 위해 일반적인 화기 대신 과학 용구들을 활용해보았다. 우리는 형태가 디자인적으로 예쁜 과학 용구에 유난히 애착이 많다. 그래서 그것들을 모아서 무언가에 활용해 보고 싶어 늘 고민했었다.

드라이플라워를 위한 화기로 과학 용구를 활용했는데 예쁘기보다는 자연스럽게 연출하는 데 초점을 맞췄다. 촬영을 위해 보뜨 플라워의 서희정 대표가 직접 민들레 홀씨를 채취해서 병에 담아 오는 정성까지 보여주셨다. 덕분에 우리는 민들레 홀씨가 이렇게 감성적으로 아름다울 수 있는 소재인 것을 처음 깨달았다. 개인적으로 나는 이런 드라이플라워 중에서도 목화가 제일 좋다. 언제 보아도 포근한 그 느낌이 좋아서다. 수확의 계절인 가을철에는 목화를 반포 고속버스터미널 꽃시장에서도 구입할 수 있다. _ *deulre*

TIPS

사이즈가 다양한 실린더, 비커
등의 과학 용구들은 저렴하면서
훌륭한 꽃병이 된다. 큰 화방이라면
어디에서나 구입할 수 있다.
한가람문구, 호미화방 등이
대표적이다. 원하는 꽃이 언제나 있는
것은 아니니, 제철에 나왔을 때 미리
건조시켜두는 것이 좋으며, 꽃 이외에
열매류도 같이 말리면 예쁘다.

TIPS

음지에서 잘 크는 식물이라고 해도
일주일에 한 번 정도는 밝고 통풍이
잘되는 장소에 옮겨 주는 것이 좋다.
쿠루시아 이외에도 남천, 아이비,
슈거바인 등이 음지에서 키울
만하다.

064

음지에서도 잘 크는 식물

음지에서도 잘 크는 식물이 있다는 건 굉장히 다행스러운 일이다. 왜냐하면 우리 엄마가
그러시듯, 화분을 볕 잘 드는 위치로 매번 옮길 만한 정성도 시간도 부족한 탓이다.
음지에서도 잘 자라는 식물 쿠루시아를 추천받고 우리가 좋아하는 커피잔 모양의 화분에
옮겨 심어보았다. 대형 커피잔의 모양을 하고 있는 이 화분은 에이치픽스 hpix www.hpix.
co.kr에서 구입한 것이다. 실제 작은 커피잔에 다육식물 등 작은 화초를 심어 옆에 세트로
같이 두어도 귀엽고 유머러스한 풍경을 연출해준다. 그린 컬러가 주조를 이루는 자연
모티브의 사진작품을 함께 걸어 식물의 내추럴하고 풍성한 느낌을 한껏 배가시켰다.
디아섹 처리된 사진은 부부 작가인 최승훈, 박선민의 작업이다. _ song-i

TIPS

물을 줄 때 패브릭이 젖을까봐
염려가 된다면 커버를 만들 때
밑단은 박음질하지 않고 옆선만
박아 화분에 두르듯이 씌우는 것도
방법이다.

065

키 큰 식물을 위한 화분 솔루션

키가 큰 식물일수록 어떤 화분에 담느냐에 신경이 더 쓰이기 마련이다. 크기가 큰 만큼
눈에 잘 띄니 말이다. 하지만 마음에 드는 화분이 없거나 분갈이를 할 엄두가 안 나거나,
혹은 마음에 드는 화분이 너무 비싸다면 여기 간단히 화분을 바꿔줄 수 있는 방법이
있다. 커다란 주머니를 만들어 입혀주는 것이다. 내추럴한 리넨 원단을 골라 가방 형태로
주머니를 만들어 입혀주었다. 많은 사람들이 처음에 화분을 살 때, 마음에 들지 않는
플라스틱 화분을 그대로 안고 와서는 나중에 예쁜 화분으로 바꿔야지 하다가 끝내 실행에
못 옮기는 것 같다. 우리 역시 그랬고. 이 리넨 원단의 내추럴한 화분 주머니가 그 고민을
말끔하게 해결해 주었다. 화분의 전체 둘레에 맞는 크기로 천을 사각형으로 자른 다음,
반으로 접고 양쪽 면과 밑단을 박음질해서 뒤집으면 완성. _ *denlre*

066

초간단 아웃도어 화분 커버

만드는 것도 좋지만 가끔은 만드는 것보다 더 실용적이면서도 의미 있는 기성품을
발견한다. 사진 속에 있는 아웃도어 화분 커버는 리틀 파머스 www.littlefarmers.co.kr
에서 5천~1만 원 선에 구입한 것으로 방수가 되는 현수막을 재활용해서 만들어진
것이다. 물 빠지는 구멍도 있다. 덕분에 야외에서 모종을 이동시키며 키우기에 좋다.
고추, 상추, 파 등을 심어도 좋겠고, 다양한 종류의 허브를 시도해봐도 좋겠다. 볕이
잘 드는 야외에서 주방으로 옮겨 다니면서 이용할 수 있으니, 이보다 더 만족스러울
순 없는 아이템이다.
이런 종류의 아웃도어 화분 커버에 관심이 있다면, 보노야 www.bonoya.com 역시
방문해보자. 자외선이 차단되는 직물과 뿌리가 보호되는 펠트로 만들어 꽃을 키우기
좋은 에코 백과 채소를 키우기에 좋은 베지터블 박스를 판매한다. _ *deulre*

TIPS

허브는 해를 굉장히 많이 필요로
하는 식물이다. 화분 속 흙이
말라있을 때는 물을 흠뻑 주어야
하고, 습기가 많은 곳은 피하며
통풍이 잘되도록 유의해야 한다.
시든 잎들은 자주 가위질해 제거하는
것이 잘 키우는 요령이다.

TIPS

난을 키울 때에는 꽃잎이 시들면
바로바로 떼어 주고 늘 관심을 갖는
것이 제일이다. 모종 포트를 담을 수
있도록 비닐로 방수 처리된 패브릭
주머니는 1만 원대에 구입할 수 있다
(보뜨 플라워 070-4125-8934,
www.botteflower.com).

067

난, 색다르게 즐기기

난은 통풍을 신경 쓰고 건조한 것만 피하면 비교적 기르기 쉬운 식물 중의 하나다.
직사광선을 피하되 약간 밝은 장소에 두고 키우자. 난은 동양적인 이미지로만 인식이
굳어져 그에 걸맞은 동양적인 화기만을 생각하기 쉽지만, 의외로 서양적인 스타일과도 잘
어울린다.
난을 담은 빈티지 스타일의 패브릭 화기는 안쪽에 비닐로 방수 처리가 되어 있는 주머니
형태다. 물을 줄 때는 주머니에서 살짝 꺼내 물을 주고, 물이 다 빠지면 다시 넣어준다.
약간 번거롭지만 다른 화기 역시 물을 줄 때 옮겨 다니는 걸 생각하면 마찬가지 수고다.
이렇게 비주얼을 고려해 다른 화분에 옮겨 심을 때에는, 본래의 플라스틱 모종 포트를
굳이 빼지 말고 통째로 옮겨 담는 것이 더 관리하기 쉽다. _ deulre

TIPS

시계 시침, 무브먼트는 나무판때기
(031-353-7526, www.panttaegi.
com)에서 구입할 수 있고, 시침만은
동네 시계방에서도 구입할 수
있다. 나무판은 사이즈별로 반포
고속터미널 상가 3층 조화나 소품
판매 업체에서 손쉽게 구입할 수
있다.

068

째깍째깍, 자연의 호흡이 담긴 나무 시계

스타일링 준비를 하다 보면 아무래도 쓰고 남은 재료들이 조금씩 생긴다. 버리기도
아깝고 안 버리자니 조금씩 쌓여 처치곤란한 일이 한두 번이 아니다. 자투리 원단, 한두
개씩 남은 손잡이들. 이런 재료들이 그러한데 요리조리 패치워크 쿠션이나 손잡이가 각각
다른 서랍을 위해 재활용되기도 한다.
이 시계의 나무판도 마르면서 갈라져버려 사용하지 못하고 쓰레기통으로 갈
운명이었으나 시계 부속품과 만나 새롭게 태어났다. 나무판 뒷면의 홈에 무브먼트를
넣고, 시계 앞면에서 너트를 이용해 무브먼트를 고정한다. 시곗바늘은 시침⋯ 분침⋯ 초침
순으로 조립한다. _ *song-i*

STEP BY STEP

야생화와 허브로 만드는 미니 가든

넓적한 화분, 커다란 나무 박스도 훌륭한 나만의 화단이 될 수 있다. 보뜨 플라워 서희정 대표에게
야생화와 허브로 미니 가든 만드는 법을 배워보자.

야생화 가든

사용한 모종
스토케시아, 무늬매자, 여름 수국, 황매자, 풍지초

1. 먼저 모종 포트째로 준비한 큰 화분 안에
넣어 높이를 확인하고, 적당한 높이를
정해서 흙을 먼저 간다.

2. 플라스틱 포트에 들어 있는 각각의
모종을 포트째로 살짝 눌러 쥐어 모종이
잘 빠지도록 손써둔다.

3. 키가 큰 식물은 가장자리에, 키가 작고 줄기가
늘어지는 종류들은 중앙에 배치하여 전체적으로
율동감 있게 연출해준다.

4. 손으로 흙을 다지면서 사이사이 빈 공간에
흙을 채워준다. 이때, 흙을 너무 딱딱하게
다지지 말고 부드럽게 만져주도록 한다.
너무 세게 눌러 흙이 단단해지면 물이 잘
안 빠질 수도 있기 때문이다.

허브 가든

사용한 모종
카모마일, 스피아민트, 로즈마리, 스위트 라벤더, 파인애플 세이지, 애플 민트, 레몬밤

모종이 잘 빠지도록 플라스틱 포트를 손으로 쥐어 눌러준다. 이때 너무 세게 눌러 모종의 흙이 바스라지지 않도록 유의한다. 야생화 가든과 마찬가지 방법으로 완성한다.

5. 흙을 완전히 메우기 전에 각 식물의 위치가 마음에 드는지 한 번 더 확인한다. 화분 밑으로 물이 나오도록 물을 흠뻑 주어 식물의 뿌리가 흙 속에서 잘 자리 잡도록 해준다. 완성!

장소 협찬 보뜨 플라워 070-4125-8934, www.botteflower.com

WE | THEY | WE | THEY

STORAGE

발상의 전환, 멋이 되는 수납

작은 집에서 가장 어려운 것은 수납이 아닐까?
사람들은 보통 무조건 숨겨야 좋은 수납법이라고
생각하지만 우리 생각은 다르다. 지저분한
잡동사니들은 물론 문이 달린 장식장에 보관해
숨겨야겠지만, 예쁜 그릇이나
책, 자주 쓰는 소품 등은 놓는 방식에
따라 오히려 드러낼 때 멋스러운
장식이 되기도 한다. 고정관념을
버리고 다양한 방식의 수납을 시도해보자.

헤드보드 대용 패브릭 수납 포켓(p.179)

069

화구 박스를 이용한 화장품 수납장

각자 미대 입시를 준비하던 고등학교 시절부터 우리는 줄곧 나무로 된 화구 박스를 사용했었다. 요즘은 다양한 소재로 된 제품이 많이 나와 있어 그때만큼 많은 사람들이 사용하지는 않지만 나무 화구 박스는 그 자체의 디자인도 예쁘고 하드웨어도 훌륭해 개인적으로 늘 애정이 가는 아이템이었다.
패션 잡지의 편집장으로 있는 클라이언트의 집 인테리어 디자인을 맡으면서 이 화구 박스를 이용해볼 만한 계기가 생겼다. 집 주인은 화장품의 양이 무척이나 많고, 재빨리 화장을 마치는 스타일이었다. 그러니 화구 박스의 안쪽에 거울을 달아, 수납장처럼 여러 개를 쌓아 놓고 칸칸마다 다른 종류의 화장품을 수납한다면 아주 편리할 것 같았다. 사실 처음 이런 생각을 하게 된 건, 메이크업 아티스트들이 휴대하고 다니는 메이크업 박스를 보고나서였다. 여자라면 누구나 사용하지 않는 메이크업 아이템들이 늘 쌓이게 마련이고, 외부로 노출을 시키면 먼지가 쌓이게 되니 집에서도 가방의 형태로 뚜껑을 닫아 보관하면 좋을 것 같다는 생각이 들었기 때문이다. 이렇게 5단으로 완성된 화구박스 수납장은 바닥에 바퀴가 달려 있어 이동도 손쉽다. _ song-i

TIPS

화구 박스의 안쪽에 붙인 거울은 동네 유리집에 가서 사이즈에 맞게 잘라달라고 주문하여, 실리콘이나 글루건을 이용해 화구 박스에 붙여준다. 5단 화구 박스의 전체 프레임을 제작하는 데는 바퀴까지 포함해 10만 원 정도가 든다 (우리홍익가구나라 02-336-4139).

164

070

확장이 자유로운 찬넬 TV장

사람들은 보통 거실에 서랍이 많이 달린 넉넉한 TV장이 있어야 한다고 생각한다. 하지만 사진 속 거실과 같은 방법은 어떨까? 주어진 범위 내에서만 활용이 가능한 TV장 대신 벽면 전체를 활용할 수 있는 찬넬 선반을 짜 넣으면 어떨까 하는 생각에서 출발했다. 찬넬 선반이란 벽면에 금속의 지지대를 설치하고 각 선반의 높이를 자유롭게 조절하여 지지대에 고정시킬 수 있는 형태의 선반이다.

거실의 가장 긴 벽면 사이즈에 맞춰 기다란 찬넬 선반을 달았는데, 선반을 몇 단으로 할지, 선반 간격을 어떻게 할지는 전적으로 집주인의 마음에 달렸다. 찬넬 선반은 가구보다 훨씬 저렴한 가격에 설치할 수 있고 가구처럼 넉넉한 수납을 보장한다는 장점이 있다. 선반의 컬러와 벽면 하단의 페인트 컬러를 그레이로 맞춰서 시각적으로는 가구 못지않게 공간에 묵직한 안정감을 주도록 했고, 노출되는 수납 외에 가리는 수납도 필요할 것 같아 종이 박스를 이용해서 사진, 서류, 우편물 등의 간단한 물품들도 보관할 수 있도록 했다.

금속의 찬넬 지지대는 을지로에서 파는 것을 원하는 사이즈에 맞게 잘라오거나 인디샵 http://indishop.co.kr 같은 인터넷 사이트에서 구입할 수 있고, 선반용 나무판은 우리홍익가구나라 02-336-4139 등의 목공소라면 어디서나 원하는 크기로 구입 가능하다. 사진의 선반은 스프러스 원목으로 재단해서 준비했으며 선반과 벽면은 같은 색상의 수성 반광 페인트로 마감하였다. _ *deulre*

TIPS

사진 속 찬넬 선반은 가로 2m가 조금 넘는 길이로 제작했다. 무거운 것을 받쳐도 안전할 수 있도록 중간중간 찬넬 지지대를 여러 개 댄 것이 특징. 수납함으로 활용한 구두박스에는 동대문종합시장 5층 부자재 상점에서 판매하는 가죽 손잡이를 달아 넣고 빼는 것이 편리하도록 배려했다. 구두박스는 박스나라(www.boxnara.co.kr)에서 구입할 수 있다.

071

책과 MDF 박스로 만든 장식장

사실 집에서 자리만 차지하는 두꺼운 문학전집, 백과사전은 그야말로 버리기도
안 버리기도 애매한 천덕꾸러기이다. 이렇게 자주 안 보는 책들을 이용해서 무언가
할 수 있는 일은 없을까? 우리는 두껍고 무게감 있는 이런 유의 책을 가구처럼
활용해보기로 마음먹었다. 사진에서 볼 수 있듯, 나뭇결 이미지를 컬러 프린트해서
책등 단면에 나뭇결이 보이도록 포장한 다음, MDF 박스와 함께 번갈아 쌓아주니
어디에도 없는 단 하나의 오브제 가구가 탄생했다. 얼핏 보기에는 쌓아 올린
책 위에 MDF 박스가 온전히 얹어져 있는 듯하지만, MDF 박스는 원하는 높이에
못을 박아 벽에 이미 고정시켜 둔 상태다. 밋밋한 공간에 독특한 포인트를 주고
싶다면 활용해봐도 좋겠다. _ *song-i*

TIPS

사진 속 MDF 박스는 실제 책
위에 얹어진 상태가 아니라 벽에
고정되어 떠 있는 상태이기도 하다.
즉, 하중의 반은 책에 기대어 있고
나머지는 벽에 의지해 있는 상태라고
이해하면 된다.

The first duty of love is to listen.

072

커다란 헤드보드가 된 침실 수납장

이 집의 주인은 드레스룸과는 별도로 간단한 홈웨어 등을 수납할 수 있는 침실
수납장을 갖고 싶어 했다. 그래서 우리는 침대를 중앙에 배치하고 헤드보드 쪽의
벽면에 커다란 수납장을 짜 넣을 것을 제안했다. 그리하여 시선을 분산시키지 않고
침대와 한 덩어리가 되어 마치 커다란 헤드보드처럼 보이는 수납장이 완성되었다.
그 안에는 덩치가 큰 아이템들, 예를 들어 여행용 트렁크 같은 수납이 골치인
물건들도 거뜬하게 해결된다. 또 침대헤드의 양 옆으로 조명을 매립시켜 침대와
수납장이 완벽한 일체처럼 보인다.
통째로 침대를 바꾸기는 아깝고 헤드보드가 마음에 들지 않는다는 집주인의 요청에
따라 본래 침대의 헤드보드는 내추럴한 면소재로 커버링해주었다. 또 침대 옆에
사이드 테이블 대신 앤틱 의자를 두어 포인트 역할을 하도록 꾸며보았다. _ song-i

TIPS

침실 수납장 제작은 목공소에
의뢰했다 (우리홍익가구나라 02-
336-4139). 침대 헤드보드의 패브릭
커버링은 헤드보드의 사이즈에
맞게 주머니 형태로 제작하여
씌워주면 된다. 동대문종합시장 지하
수예집에서 제작할 수 있다.

073

책 선반이 된 철제 파이프

보고 싶은 책을 읽다가 잠이 드는 여유로운 일상은, 일 때문에 새벽에도 잠들지 못하는 경우가 빈번한 나에게는 부러운 대상이다. 하지만 자주 읽지는 못하더라도 머리맡에 책이 놓여 있으면 왠지 마음이 놓인다. 책이 가까이에 있으니까 언제라도 읽을 수 있을 것 같은 막연한 안도감 때문일 것이다. 만약 침실에서 책을 좀 더 눈에 띄는 곳에 보관한다면, 아무래도 손이 가는 일이 더 잦아지지 않을까? 사이드 테이블 위에서 금세 수북해져 버리는 책더미 속에 대체 무슨 책들이 있었는지 잊어버리기 일쑤이니 말이다.

수도 파이프의 형태를 활용해 책 선반을 만들었다. 읽던 책을 보던 페이지 채로 걸어 보관하거나 몇 권의 책을 눈에 잘 띄게 보관할 수 있어 디자인 효과는 물론 독서율까지 높여주는 고마운 존재다. 게다가 집게 달린 조명을 고정시켜놓을 수 있어 침대 머리맡에서 헤드보드의 역할까지 겸할 만하다. 침실 안의 반짝이는 아이디어로 이보다 더 좋을 순 없다. 수도 파이프 책 선반의 형태와 사이즈는 마음대로 정할 수 있다. 다만 주로 읽는 책 사이즈를 고려해서 깊이를 정해야 책이 흘러 떨어질 염려가 없다 태산금속 02-2269-6888. _ *deulre*

TIPS

수도 파이프는 마네킹 판매 업체에서도 구입할 수 있다 (*삼신마네킹 www.samsinmq. co.kr*). 파이프 책 선반은 벽에 콘크리트 앙카와 피스로 고정하면 된다. 웬만한 성인 남성은 설치가 가능하지만, 동네 철물점에 의뢰하면 개당 5천 원 전후의 가격에 못을 박아준다.

074

서재를 위한 수납 솔루션

서재는 누구 한 사람의 공간이 아니라 가족 모두가 함께 공유할 수 있는 공간이어야
한다. 이 집의 주인은 작은 방을 할애해 가족을 위한 서재로 꾸미고 싶어했다.
우리는 다같이 둘러앉아 책도 보고, 그 밖의 업무도 볼 수 있는 공간으로 만들기 위해
먼저 책상을 중앙에 두어 열린 분위기를 연출했다. 그리고 그 밖의 모든 요소들은
수납을 위해 하나하나 배려했는데, 열린 수납과 닫힌 수납을 적절히 활용해 서재
특유의 답답하고 무거운 분위기를 탈피해 보았다. 붙박이 의자 밑에 만든 수납 공간,
가방 손잡이를 적용한 수납 도어, 그리고 책상 앞쪽 벽면의 상단은 비워두어 여백을
주고 디스플레이 공간으로 활용한 것도 눈여겨볼 만한 아이디어다. 작은 방을 수납이
넉넉한 서재로 디자인하다 보니 공간에 포인트를 줄 만한 여지가 없었는데, 컬러풀한
바닥은 자칫 사장실처럼 칙칙할 뻔했던 서재의 분위기를 밝게 띄워주고 있다. _ *song-i*

TIPS

이곳 서재에 사용된 LG지인
(www.z-in.com)의 바닥재는
옥수수 천연소재로 만들어진
제품이다. 서재의 가구 컬러에 맞춰
브라운, 그린, 화이트 세 가지 컬러의
스트라이프 패턴으로 적용했다
(제품명 Z:IN 공기를 살리는
지아마루 LUXURY S104/ LUXURY
S101/ LUXURY S105). 마감재는
싫증이 나도 쉽게 교체할 수 없는
데다가, 스트라이프 패턴 자체도
충분한 포인트이니 컬러는 너무
강하지 않게 선택하도록 하자.

075

현명한 TV 수납 솔루션

거실 가운데에 시커멓고 커다란 TV가 떡하니 자리 잡고 있는 모습은 별로 보기 좋은 것이 못 된다. 이곳의 집주인도 필요할 때만 TV를 꺼내 사용하고 싶어했고, 우리는 그에 맞게 간단한 솔루션을 제안했다. 슬라이딩 도어가 달린 직사각형 장을 만들어, 한쪽에는 TV를, 다른 한쪽에는 CD와 DVD 등 그 외 필요한 물건들을 수납하도록 한 것이다. 덕분에 TV를 시청하는 시간 이외에는 TV를 숨겨둘 수 있다. 집의 전체 톤이 티크 우드 톤이어서 거기에 맞춰 컬러를 정했고, 수납장 내부는 어둡지 않게 화이트로 도장했다.

가전 기기를 수납할 목적으로 가구 제작을 의뢰할 경우, 수납할 가전의 가장 튀어나온 부분부터 반대편의 가장 튀어나온 부분까지 사이즈를 측정해서 알려주어야 하는 것이 기본이다. 사이즈를 꼼꼼하게 체크하고 전선이 빠져나갈 구멍을 만드는 등 만반의 준비를 갖추고 가구 제작에 들어가야 원하는 가구를 얻을 수 있다. 그 모든 과정을 거치고, 계획했던 대로 나의 모든 살림살이가 정확하게 제자리를 찾을 때의 기쁨은 경험해본 사람만이 안다. _ *song-i*

TIPS

TV의 두께와 폭을 고려해 수납장을 제작한다. TV 사이즈는 가장 튀어나온 부분부터 반대편 가장 튀어나온 부분까지 재야 한다. 수납장 뒤편으로 전선이 나갈 구멍을 만들어주는 것도 잊지 말자 (우리홍익가구나라 02-336-4139).

076

인더스트리얼풍 철제 서랍장

천연 과일 음료가 주 메뉴인 카페 마마스에서는 매일매일 어마어마한 양의 신선한
과일이 소비된다. 그런 카페의 특징을 부각시키기 위해서, 또 수납을 위해서
마마스에는 커다란 과일 수납장이 필요했다.
우리는 마마스에 어울릴 만한 수납장을 고민하다가, 인더스트리얼 디자인의
느낌이 나는 수도 파이프로 수납장 프레임을 제작해보기로 했다. 수도 파이프의
이음새에 사용되는 부품을 그대로 노출시켜 더욱 꾸밈없는 모습이다. 자칫 분위기가
너무 차갑지 않도록 철제 파이프의 위 아래를 가구의 몰딩 마감을 이용하여
믹스매치하였다. 마지막으로 짙은 블랙의 철판 서랍을 넣어주니 키 큰 철제 서랍장이
완성. 집에서 책장으로 응용해봐도 좋겠다. 산업 소재를 이용해 가구를 만들면 비용도
저렴하고 튼튼한 데다가 디자인적으로도 충분히 매력적이다. 재료의 솔직함을
그대로 드러내는 인더스트리얼 디자인. 이 정도면 집에서도 한번 시도해볼 만하지
않을까? _ deulre

TIPS

먼저 수도 파이프로 철제 프레임을
만들고 (태산금속 02-2269-6888),
선반 길이에 맞추어 목공소에서
나무를 재단해 철제 프레임에
넣어서 사용한다 (우리홍익가구나라
02-336-4139).

077

헤드보드 대용 패브릭 수납 포켓

사실 헤드보드가 없는 침대를 위한 헤드보드 대용 데코 아이디어는 무궁무진하다.
여기에 소개하는 패브릭 수납 포켓 역시 침대의 폭을 고려해 침대 머리맡에
고정시키도록 디자인해 본 것이다. 잠들기 전 떠오르는 것들을 적어두는 작은 메모
수첩, 안경, 책 등 침대 머리맡에 필요한 자잘한 물건들을 한자리에 정리해둘 수 있어
꽤 실용적이다.
수납 포켓 주머니에는 좋아하는 빈티지풍 아이콘들을 전사 프린트해 적용해보았다.
안경, 일기장, 책, 라벤더 향낭 등 침실 머리맡 필수품들을 이런 식으로 프린트해
붙이고 직접 자리를 지정해주는 것도 좋은 방법일 듯싶다. 어지럽게 흩어지거나
쌓아두면 보기 싫을 뿐이지만, 제자리를 찾아가는 모든 것들은 아름답기 마련이다.
사용하는 헤드보드에 맞게, 혹은 헤드보드가 없다면 헤드보드의 대용으로 전체
수납 주머니의 사이즈를 정한 뒤 수납할 물건의 용도를 고려하여 수납 포켓의 간격을
나누어준다. _ deulre

TIPS

전사 프린트란 프린터에서 전사
기능 혹은 반전 기능을 선택해 전사
용지에 원하는 이미지를 출력하는
것을 뜻한다. 원하는 이미지를 전사
용지에 출력한 후 다리미로 원단에
흡착시키기만 하면 된다.

책 위에 단 문 잠금쇠는 가까운
철물점이나 DIY 업체에서 구입할 수
있다. 사각 우드 박스는 에이치픽스
(www.hpix.co.kr)에서 판매되는
새장을 열쇠고리로 응용한 것이고,
조립식 새집 오브제는 코즈모 갤러리
(02-3446-0989)에서 구입할 수
있다.

078

프티 열쇠 보관 삼총사

요즘은 현관문에 디지털 도어록이 달린 집이 더 많지만, 그래도 자동차 키라든가 자전거
키처럼 열쇠는 아직 사람과 뗄래야 뗄 수 없는 아이템이다. 하지만 사이즈가 작은 이 열쇠란
존재는 어디에 두었는지 잊어버려 성가실 때가 한두 번이 아니다. 그렇다면 실내 현관문 앞에
열쇠가 늘 있어야 할 자리를 정하는 건 어떨까?
벽면 장식으로도 활용하면서 열쇠를 보관할 수도 있는 아이디어를 떠올려 보았다.
조립식으로 나와 있는 집 오브제에 고리만 달아서 열쇠를 걸 수 있게 해보고, 안 읽는 하드
커버 책 위에 문 잠금쇠를 달아보기도 했다. 맨 위의 사각 우드 박스는 기존 브랜드에서
새장으로 판매되고 있는 것을 열쇠 보관함으로 응용해본 것이다. 집 안에 들어서면 가장 먼저
반겨줄 깜찍한 열쇠 보관 삼총사. 기분 좋은 에너지를 전해줄 듯하다. _ *deulre*

TIPS

스트링은 스테인리스 스틸 월 패널과
MDF 소재 선반의 조합으로 원하는
만큼 확장할 수 있는 시스템이다.
사진 속 제품은 스트링 포켓으로
가격이 25만 원 선. 높이 50cm×
넓이 60cm×깊이 25cm (이노메싸
www.nordicdesign.kr, 에이치픽스
www.hpix.co.kr).

079

빈티지 가구 부럽지 않은 오픈 수납장

간혹 꼭 사두는 게 좋겠다 싶은 기성 제품들도 있다. 스웨덴 브랜드 스트링 *string* 의 선반
같은 경우가 그렇다. 1940년대에 스웨덴의 건축가 닐스 스트링에 의해 디자인되었고,
현재까지 그 인기를 이어가고 있다. 이 선반은 스테인리스 스틸의 간결한 월 패널과
MDF 선반의 심플한 조립으로 완성된다. 때문에 원하는 대로 이어 확장하기도 아주 쉽다.
이러니 그 오랜 시간 동안 부동의 베스트셀러 아이템으로 사랑받을 수밖에.
사진 속에서처럼 3단 미니 오픈 선반 하나만으로도 충분히 사랑스러운 데코 포인트가
된다. 가격도 그리 부담스럽지 않아 북유럽 디자인에 관심이 있거나 디자이너 아이템을
가지고 싶은 이들이 처음 시도하기에 아주 좋은 아이템이라고 생각한다. _ *song-i*

COLLECTION

잘 모으면 장식이 된다, 수집품 디스플레이

누구에게나 애정이 가는 아이템이 있다.
어떤 사람은 예쁜 모양의 병에 유난히 애착을 가지기도 하고,
누군가는 귀여운 동물 오브제를 모으며 흐뭇해 한다.
그렇게 사적인 취향과 추억, 스토리가 담긴 컬렉션은
조금만 센스 있게 진열하면 자신의 취향을
가장 잘 대변해주는 개성 넘치는 인테리어 아이템이 된다.
장 속에 모셔두거나 여기저기 방치했던
수집품을 한곳으로 모아보자.

액자 프레임도 창조적일 수 있다(p.195)

KEEP
CALM
AND
LOVE
CATS

080

표정 다른 고양이들의 총집합

이 집의 주인은 고양이 오브제 모으기에 빠져 있었다. 집을 새롭게 리노베이션하며,
우리는 그녀가 모으고 있던 고양이 오브제들을 어떻게 잘 부각시킬까 고민에 빠졌고,
결국 장식장에 보관해오던 기존의 방식에서 탈피해 오픈 선반에 수납하기로 했다.
고양이들이 진짜 집안의 식구가 된 것처럼 바깥 공기를 마음껏 쐴 수 있게 말이다.
시크함과 실험성을 강조한 집의 전체적인 분위기에 맞춰 오픈 선반의 소재로는
검정색 구로철판을 선택했고, 선반 디자인은 컬렉션이 더 부각되도록 의도적으로
심플하게 했다. 고양이 컬렉션은 주로 세라믹 오브제가 대부분인데, 중간중간에
일부러 이니셜이 담긴 머그라든지, 고양이 이미지 등을 두어 볼륨감을 부여하는
효과를 냈다. _ deulre

TIPS

구로철판은 학동역 근처의 철제
업체에서 원하는 사이즈로 제작
의뢰할 수 있다. 제작 시 2cm 정도의
턱을 주어도 좋다. 선반을 설치하기
전, 벽에 10cm 정도 간격으로 미리
피스로 고정할 위치를 표시해두면
설치가 손쉽다.

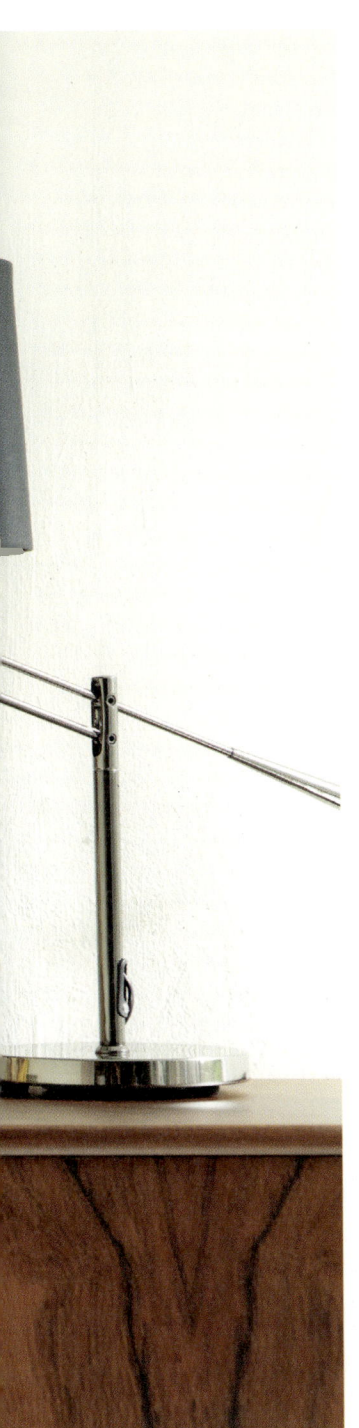

081

미니어처 가구로 꾸민 인형의 집

디자인 아이콘이 된 가구 미니어처, 소니엔젤 sonny angel, 베어브릭까지. 주변에 미니어처를 모으는 사람들이 꽤 많다. 아마도 하나의 컨셉트를 정하고, 그 아기자기한 차이들을 바라보는 재미가 남달라서일 것이다. 하지만 이렇게 공들여서 모으는 미니어처들을 보관하는 방법은 그리 적극적인 것이 못 된다. 장식장이나 선반에 늘어 놓아 먼지가 뽀얗게 쌓이는 경우가 대부분인 것 같다. 컬렉션하는 아이템의 특성에 맞게 그것들을 보여주는 방식 역시 조금 더 고민해보면 어떨까?
우리는 디자인 가구 미니어처를 위해 그들만의 인형의 집을 만들어주었다. 이용한 소재는 원목으로 만들어진 튼튼한 됫박. 말 그대로 곡식을 담아 측량하는 우리의 전통 아이템, 됫박을 이용했다. 그 안에 인테리어 이미지를 프린트한 종이를 붙여서, 마치 실제 가구들이 각각의 공간에 자리잡고 있는 듯한 느낌으로 꾸며보았다. 자신의 컬렉션을 보다 눈에 띄고 당당하게 소개하는 방법이다. _ song-i

TIPS

됫박은 인터넷 사이트를 이용해서도 구입할 수 있으며 2ℓ 사이즈가 1만 원 선이다 (지풀 http://jipul.co.kr, 조은문구 www. goodmungu.co.kr).

082

초는 모일수록 매력 있다

초는 우리가 여행 때마다 빼놓지 않고 구입하는 아이템이다. 그렇게 초를 좋아하다
보니 이제 향초 정도는 직접 만들어서 사용할 수 있게 되었다. 그러면서 초의 여러
가지 면들을 파악하게 되었는데, 그중 하나가 초는 모으는 것만으로도 인테리어가
된다는 거다. 인테리어 오브제는 시각적으로 즐거움을 주는 한 가지 역할만 하지만
모양이 독특한 초는 방향 효과도 있으면서 좋은 무드를 형성해주고, 바라보기만 해도
기분 좋은 감성적인 오브제 역할까지 겸한다. 또 우연적 효과가 있는 오브제로서
녹으면 녹는 대로 또 그만의 조형적인 매력을 지닌다.
사진에서처럼 여러 개의 초를 함께 뭉쳐서 같이 녹아들도록 분위기 있게 연출하거나,
여러 개의 스틱 초를 모래 위에 꽂아 연출해보는 것도 좋겠다. 우리는 때마침 금붕어
형태 초를 가지고 있었는데 여기에서 아이디어를 확장시켜 아예 어항 컨셉트의 캔들
홀더를 꾸며보았다. _ *deulre*

TIPS

유리 안에 모래를 깔고 캔들 홀더를
만들면 안전상의 문제까지 해결할
수 있다. 요즘에는 스틱 초도 컬러가
다양하게 나와 있으니 원하는 컬러
컨셉트를 먼저 정하는 게 좋겠다.

083

바다 내음 가득한 조개껍데기 컬렉션

사람들은 흔히 남이 좋은 거라고 생각해야 정말 좋다고 생각한다. 하지만 집을
꾸미는 것은 결국 자신의 관점에서 이루어져야 하는 것이다. 바닷가에서 주워온
조개껍데기나 돌멩이만 봐도 그렇다. 다른 사람이 보기엔 그냥 발에 차이듯 흔한
것들일 뿐이지만, 그것을 집어온 이에게는 값으로 따질 수 없는 소중한 추억의
오브제이니까. 특히 여행지를 떠올리게 하는 물건들이 그런 것 같다. 그렇게
하나하나에 추억과 스토리가 담긴 물건들로 집이 꾸며졌을 때, 그 집은 다른 사람의
집과는 분명히 다른 독특한 매력을 갖게 된다.
여기 사진 속에서 보이는 산호와 조개 껍데기 컬렉션도 마찬가지다. 작고 사소한
것들이지만, 그럴수록 더 잘 보이는 곳에 당당히 내놓아보자. 우리는 의료용 시약병을
이용해서 돌과 산호, 조개껍데기를 담았다. 자신의 취향을 밖으로 노출시켜보자.
내 집만의 스토리를 차곡차곡 만들어나갈 수 있을 것이다. _ *song-i*

TIPS

사이즈가 크고 작은 시약병에
조개껍데기를 담아 조화롭게
배열한다. 크기가 큰 시약병은
부피가 크기 때문에 사이즈가 큰
오브제를 넣어도 근시히게 연출할 수
있다. 시약병은 종로 3가에 위치한
의료 상가에서 구입할 수 있다.

084

폴라로이드 사진으로 벽 꾸미기

뻔하다고 생각하지만, 가장 손쉽게 보여줄 수 있고 또 가장 쉽게 공감대를 이끌어낼 수 있는 것도 사진이다. 이 아이디어는 '폴라로이드 사진으로 어떻게 하면 공간을 그럴듯하게 꾸밀 수 있을까'라는 질문에서 출발했다. 그리고 방법은 정말이지 간단하다. 얇게 잘라 판매하는 원목 패널을 이용해 사진을 끼워 넣을 수 있도록 벽 장식을 만들었다. 원하는 만큼 길이를 늘릴 수도 있고, 패널이 무겁지 않아서 간단히 실리콘이나 글루건으로도 벽에 붙일 수 있다.

요즘은 디지털 카메라로 너무 손쉽게 사진을 찍다 보니 오히려 사진을 인화해서 장식으로 활용하는 데는 게을러진 것 같다. 추억하고 싶은 사진이 있다면, 지금 당장 시도해보자. _ *song-i*

TIPS

가는 원목 패널은 호미화방(02-336-8181) 같은 화방이나 대형 문구점에서 구입할 수 있다. 얇은 패널과 두꺼운 패널 두 장을 함께 붙이고 그 붙인 면이 안쪽으로 오게 벽에 붙이면, 사진을 끼울 수 있는 홈이 형성되는 원리다.

085

액자 프레임도 창조적일 수 있다

집 안 인테리어에서 가족사진은 늘 중요한 비중을 차지한다. 누구의 집에나 있을 뿐만
아니라, 잘 보이는 곳에 두면 그것만으로 생생한 얘깃거리를 만들어주기 때문이다.
가족사진을 하나의 컬렉션으로 생각해 이왕이면 가족만의 역사가 잘 드러나는
컬렉션으로 완성시켜보면 어떨까?
꼭 벽에 걸지 않아도 괜찮다. 콘솔 한쪽을 할애해보자. 다양한 컬러와 소재의
액자들도 좋겠고, 원하는 색으로 페인팅을 하는 것도 좋다. 페인팅을 할 때에는
수성페인트를 이용하고, 사이즈가 작은 액자라면 아크릴 물감을 사용하면 간편하다.
꼭 잘 나온 사진이 아니라, 버리기 아까운 사진을 모아서 디스플레이하는 것도
색다른 분위기를 연출해준다. 이때는 유리병이라든지 장식용 돔을 액자 대신
사용해보면 좋다. 게다가 유리병에는 여러 컷을 함께 보관할 수도 있으니 꽤 실용적인
아이디어다. _ deulre

TIPS

장식용 유리돔의 경우 프랑프랑
(www.francfranc.kr)이나 일반
앤티크 숍에서 구입할 수 있고,
가격이 저렴하고 심플한 프레임의
액자는 모던하우스 (080-973-
0352), 마켓엠(www.market-m.
co.kr)에서 구입할 수 있다.

086

디스플레이 효과 만점 아트북

디자인이나 미술 관련 내용이 담긴 아트북은 다른 책들과는 다르게 단 몇 컷의
비주얼만으로도 보는 이에게 영감을 주곤 한다. 그래서인지 사실 표지만 마음에 들어도
구입하는 아트북이 있다. 이렇게 표지가 마음에 드는 아트북을 책등만 보이게 책장에
꽂을 때면 안타까운 마음이 든다. 좀 더 잘 보이게 보관하는 방법이 없을까? 아쉬운
마음에 예쁜 아트북들을 따로 보관하는 정도가 나의 솔루션이었다.
하지만 사진 속에서처럼, 장식 선반 하나를 모두 아트북 진열에 할애하는 건 어떨까?
장식 선반에는 꼭 도자기 오브제, 인테리어 소품만 진열하라는 법은 없지 않은가?
볼 때마다 영감을 주는 아트북 표지를 잘 보이는 곳에 배치해놓고 매일매일 볼 수 있다면,
그 책들을 들춰보는 일도, 그로부터 좋은 영감을 받는 일도 잦아질 것이다. _ *song-i*

TIPS

책을 진열한다고 해서 그 위치가
꼭 서재일 필요는 없다. 거실의
한쪽도 좋겠고, 주방 한쪽도 괜찮다.
장식장 하나를 책 컬렉션을 위해
할애해보자. 혹은 공간에 맞게
아담한 오픈 선반을 제작해보는
것도 좋겠다. 빈티지 우드 장식장은
모벨랩(02-3676-1000, *www.
mobellab.com*) 제품이다.

087

유리병으로 만든 캔들 홀더

환경과 미래의 삶에 대한 인식이 높아지면서 리사이클링recycling 은 자연스레 지금
이 시대 디자이너들에게 가장 중요한 키워드가 되었다. 거창하고 심오한 철학을
언급할 필요도 없이, 일상적인 사물들이 내 손을 거쳐 새롭게 해석되고 제2의 용도로
탄생하는 것은 즐거운 일임에 틀림없다.
유리병만 해도 마찬가지다. 예쁜 유리병에 담긴 생수나 와인은 다 마시고 나면 사실
병을 버리기가 너무 아깝다. 아까워서 모아둔 병들은 그대로 입구에 초를 꽂아 촛대로
사용하곤 했는데, 너무 높기도 하고 반을 자르기만 하면 오히려 더 훌륭한 촛대가 될
것 같았다. 여러 군데의 유리집을 찾아다녔는데 귀찮아서인지 병을 잘라주는 곳은
찾기가 쉽지 않았다. 몇 곳에서 거절당한 끝에 겨우 대치동에 있는 유리집에서 해결할
수 있었다. 자른 후 윗부분은 긴 초를 꽂아 그대로 촛대로 사용하고, 아랫부분은 작은
티라이트 캔들 홀더로 사용할 수 있으니, 버리는 것이 하나도 없다. 버리기 아까운
예쁜 병, 구석에 우두커니 쌓아두지만 말고 적극적으로 활용해보면 어떨까? _ *deulre*

TIPS

근처 유리집에 병을 가져가 부탁하면
잘라주는 곳을 찾을 수 있을 것이다.
일부는 자르다 실패할 수 있으니
여분을 준비해 가는 것이 좋겠다.

088

같은 컬러만 모아도 컬렉션이 된다

공간을 꾸미는 데 컬러만큼 효과적인 요소도 없다. 공간에 컬러감을 주고 싶다면 덩치
큰 가구도 좋지만 오브제나 소품의 색상을 맞추어 세팅하는 것도 아주 좋은 방법이다.
큰돈 들이지 않고도 소소하게 구입할 수 있으며, 하나씩 모으는 즐거움 또한 무시할
수 없기 때문이다.
이렇게 의도적으로 한 가지 컬러로 오브제를 모으다 보면, 그것들은 어느새 공간의
컨셉트를 주도하는 테마 컬러가 되어 있을 것이다. 공간을 생기 있게 만드는 그린,
정열적인 포인트를 더하는 레드, 여유롭고 시원한 블루, 시크한 화이트, 그리고
유니크하고 펑키한 느낌의 애시드 옐로acid yellow, 공간을 감미롭게 만드는 퍼플….
나의 공간을 가장 잘 표현해줄 컬러는 무엇일까? 하나씩 따로따로 모아두다 보면
어울리지 않아 낭패인 경우가 있는데, 컬러 톤을 생각하고 모으면 실패율이 적다.
계절에 맞게 메인 컬러를 정하고 여기에 서브 컬러까지 맞춰준다면 더없이 완벽한
공간이 완성될 것이다. _ *song-i*

TIPS

테마 컬러를 받쳐주는 베이스
컬러가 필요한데, 레드에는 그레이,
블루에는 화이트와 브라운 컬러를
추천한다. 그린에는 보색인 보라를
함께 사용해도 생동감 있게 연출할
수 있어 좋다.

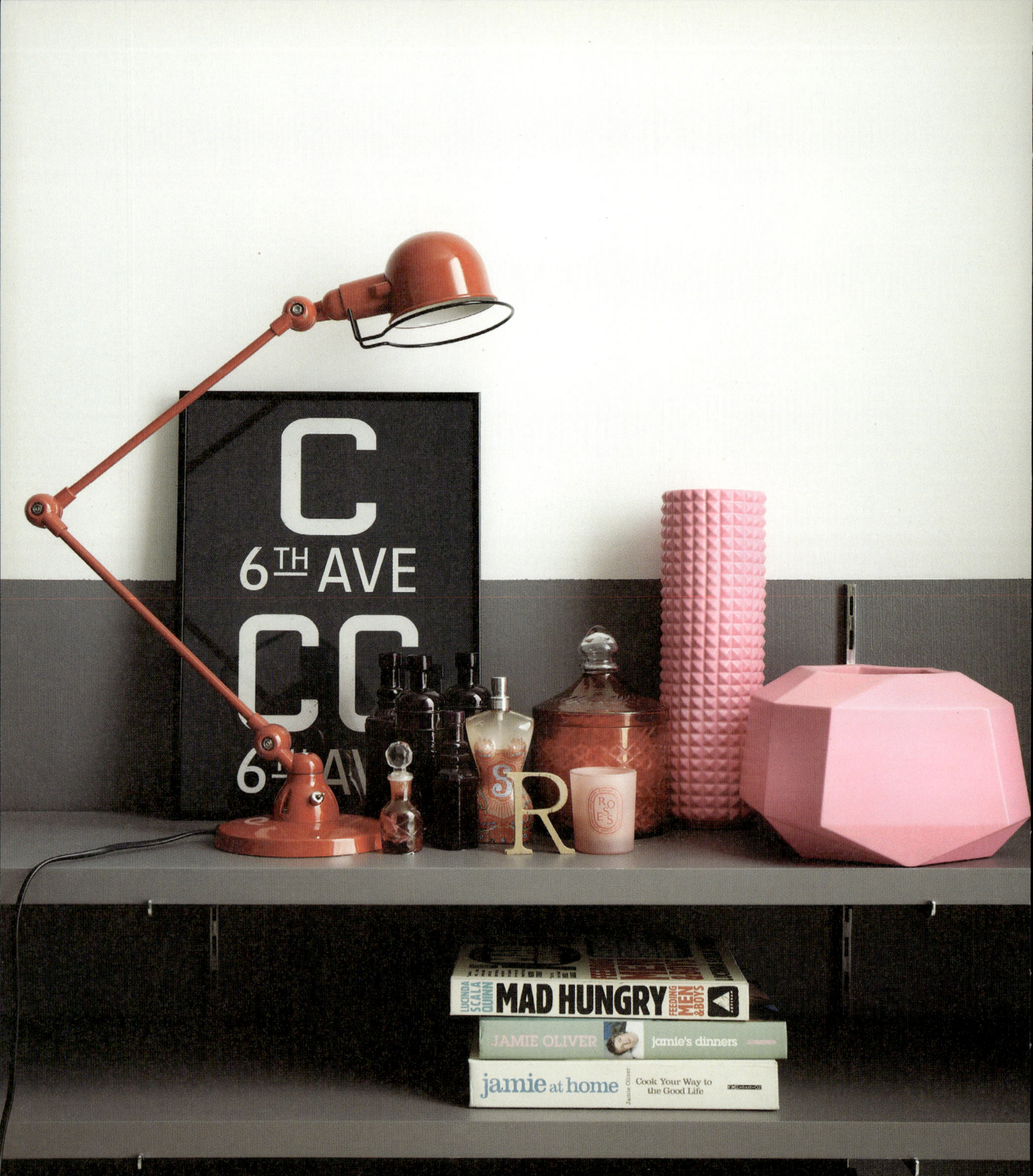

C

6TH AVE

CC

6 AV

MAD HUNGRY FEEDING MEN & BOYS

JAMIE OLIVER   jamie's dinners

jamie at home   Cook Your Way to the Good Life

블루를 테마 컬러로, 화이트를
서브 컬러로 꾸민 인테리어

089

묘한 매력의 인형, 마트료시카 컬렉션

러시아를 대표하는 민속공예품으로도 알려진 마트료시카 인형. '어머니 인형'이라는
뜻에서도 느낄 수 있듯이 러시아에서는 농촌의 다산과 풍요를 기원하는 것으로
해석된다니 의미 또한 컬렉션하기 좋은 아이템이다. 인형의 몸체가 사람 몸 형태의
상자 구조로 되어 있어 그 안에 조금씩 작아지는 인형의 행렬이 끝도 없이 이어진다.
이 인형을 처음 보았을 때 그 세심함에 놀라면서 귀여운 한편 기이하기까지 한
그 매력에 빠져 하나둘씩 모으기 시작한 것 같다.
화려하면서도 섬세한 러시아 예술의 특징이 그대로 묻어 있는 듯한 마트료시카
인형은 크기에 따라 한 개의 세트가 최소 다섯 개에서 열다섯 개까지 구성되는 등
개수도 다양하다. 그러다 보니 한 세트를 구입해도 안의 인형들을 꺼내 놓으면
금세 가족이 늘어나고, 결국 장식장 한 면을 가득 채우게 되었다. 어찌 보면 단순한
발상에서 시작됐지만 마트료시카의 원형에서 뻗어나갈 수 있는 디자인은 무궁무진.
마트료시카는 젊은 디자이너들에게 훌륭한 디자인 모티브로 응용되기도 한다.
그림이 없는 마트료시카는 직접 얼굴을 그려보는 재미도 있으니 가족끼리 구입해서
각자의 얼굴을 그려보는 이벤트를 마련하는 건 어떨까? 나만의 사연을 담아 더욱
특별한 오브제가 되지 않을까 싶다. _ *song-i*

TIPS

마트료시카 인형은 해피 마트료시카
(*www.happymatryo.com*),
마트료시카(*www.matryoshka.
co.kr*) 등에서 구입할 수 있고,
세라믹으로 모던하게 해석한
마트료시카 오브제는 바다 디자인
아뜰리에(*www.badadesignatelier*)
에서 구입할 수 있다.

090

수납장이 된 빈티지 트렁크

살다 보면 여러 가지 보관하는 것이 많아지는데, 그중 오래된 사진과 어렸을 적
친구·가족들과의 편지, 일기장, 엽서처럼 어쩌다 한 번 꺼내보게 되는 것이 태반이다.
서랍에 보관하거나 박스에 넣는 것도 좋지만 어차피 보관함을 구입해야 한다면,
여행용 트렁크에 보관하는 방법을 추천하고 싶다.
세월이 깃든 멋진 빈티지 트렁크도 좋고, 새 제품 중에도 오래된 듯 멋스러운 트렁크
형태의 가방이 많이 나와 있으니 활용할 수 있겠다. 빈티지 스타일의 트렁크는 비싸지
않고 견고할 뿐 아니라 형태도 큼직해서 가구 대용으로 쌓아두면 훌륭한 수납장이
된다. 혜화동의 카페 겸 미드센트리 빈티지 가구 쇼룸 비투프로젝트에서 빈티지
트렁크를 보고 머릿속에서만 간직하고 있던 아이디어를 직접 실행에 옮겨 보았는데
커다란 트렁크를 사이즈별로 그냥 쌓아두기만 해도 멋스럽다. 더 견고하게 만들어
가구 대용으로 쓰고 싶다면, 목재로 틀을 만들어 서랍처럼 끼우는 방법도 추천한다.
목공소에 트렁크가 들어갈 사이즈를 알려주면 의외로 쉽게 맞출 수 있다. _ *deulre*

TIPS

빈티지 트렁크는 비투프로젝트
*(02-747-5435, www.b2project.
co.kr)* 또는 앤티크 숍 마운틴*(02-
2234-7788)*에서 구입할 수 있다.

091

곤충 표본을 이용한 액자

어렸을 때 방학 숙제로 곤충표본 만들기를 할 때는 왠지 곤충이 무섭고 싫어서 숙제 검사가 끝나면 바로 휴지통에 버리곤 했다. 그러나 어른이 되고 자연의 아름다움에 새삼 눈을 뜨게 되니 어렸을 때 그렇게 싫어했던 나비가 얼마나 아름답고 다양한 존재인지 알게 되었다. 잡지 화보를 진행할 때도 개인적인 애정으로 실제 나비 표본뿐 아니라 나비 일러스트나 오브제 역시 많이 이용하곤 한다.
이런 나비 표본이나 일러스트 프린트도 여러 개가 모이면 멋진 컬렉션이 된다.
아예 장식 액자로 만들어 꾸며보면 어떨까? 표본 액자는 곤충 표본을 전시하는 목적으로 나온 것이라, 나비 이미지와도 잘 어울릴 뿐 아니라 액자의 내부가 깊어서 그림을 핀셋으로 고정하기에도 용이하다. 나비 프린트를 담아 장식하면 나비 특유의 섬세한 패턴과 자연스러운 컬러감이 돋보여 여느 훌륭한 작품 못지않게 특색있고 멋스럽다. 크고 작은 여러 사이즈의 액자를 함께 진열해서 조형미도 살려보자. 어떤 아이템을 넣는지에 따라 분위기도 다양해지므로 표본용 액자 데커레이션의 활용도는 무궁무진하다. _ *song-i*

TIPS

표본용 액자는 나비와 곤충 표본을 판매하는 만천곤충박물관 *(02-2675-8724, www.dryinsect. co.kr)*에서 구입할 수 있다. 가격은 프레임의 퀄리티에 따라 4천 원대부터 3만 원까지 다양하다.

정말 쉬운 향초 만들기

향초를 좋아한다해도 비싼 초를 장시간
켜두기는 부담스럽다. 직접 초를 만들면
'딥티크'나 '조 말론' 같은 브랜드의 아로마
향초처럼 전문적인 조향까지는 어렵지만
좋아하는 향기의 질 좋은 초 정도는 양껏 만들
수 있다. 아로마 향초 만들기에 도전해보자.

재료
공병이나 비커, 면심지 혹은 우드심지
(캔들 숍에서 판매), 심지 고정용 탭, 탭
고정용 스티커, 비즈왁스(옐로) 혹은
소이왁스(화이트), 아로마 오일
(소이왁스에만 사용)

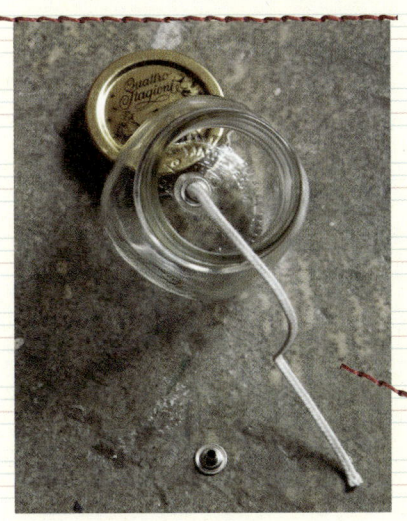

2. 심지를 팽팽하게 잡아당기며
   나무젓가락을 감싸 묶어
   수직을 유지시킨다.
   비즈왁스가 굳는 동안
   심지가 이동하지 않게 하기
   위한 것이다.

1. 원하는 용기를 깨끗이 닦아 준비한 다음,
   적당한 길이로 심지를 잘라 심지 탭에 끼운다.
   심지 탭 바닥 면에 고정용 스티커를 붙이고,
   용기의 중앙에 심지를 고정한다.

3. 스틸 용기에 비즈왁스를 넣고 전기레인지에
   올려 녹여준다. 너무 센 온도로 녹이면 탈
   수 있으므로 중약불에서 천천히 녹인다.
   소이왁스의 경우도 마찬가지인데, 소이왁스는
   분쇄가 된 상태라 덩어리 상태인 비즈왁스보다
   더 빨리 녹는 편이다.

4. 온도계를 이용해 녹인 비즈왁스의 온도를 재고,
   50~60℃ 정도가 되면 조심스럽게 병에 부어
   준다. 이후 움직이지 않게 그대로 잘 굳혀준다.
   소이왁스의 경우는 50℃가 되면 준비한 아로마
   오일을 넣어 잘 섞은 다음 병에 부어준다.
   온도가 높을 때 오일을 넣으면 향이 없어져
   버리므로 온도에 주의한다.

TIPS
초가 다 굳고 나면 표면이 갈라지거나 울퉁불퉁해질 수 있는데.
그럴 때 히트건(heat gun)을 이용해 표면을 살짝 녹여서 다시 굳히는
작업을 2~3회 반복하면 고르게 맞출 수 있다. 또한 원하는 그림이나
문구를 이용해서 병에 붙여주자. 더 좋은 장식 효과를 줄 수 있다.

OUR CAFE

우리들의 카페 속 데코 아이디어

인테리어 & 푸드 스타일리스트로 일해 오면서 좋은
디자인과 음식에 대한 취향이 점점 더 확고해졌다.
그런 우리의 취향을 함께 나누고자
카페 '재미있고'를 열었다.
우리가 살고 있는 이곳, 대한민국
서울이기에 가능한 소중한 것들을
놓치지 않되 그것을 현대적인 감각으로
소화해 꾸며보았다. 카페 '재미있고'의
컨템포러리 코리안 스타일을 만나보자.

작지만 여유로운 카페 '재미있고'의 테이블

092

미싱 다리 빈티지 테이블

카페에 필요한 가구 중 가장 중요한 것은 말할 것도 없이 테이블과 의자다. 손님들이 앉는 공간이다 보니 편안함도 중요하지만, 그만큼 전체 분위기에 영향을 많이 미치기 때문에 스타일에 신경을 쓰지 않을 수 없다. 특히나 우리의 경우는 뭔가 더 특별한 아이템으로 매치하고 싶었다. 몇 년 전 고재를 구하러 지방의 고미술 숍을 찾았는데, 옛날 미싱의 다리가 있는 것이 아닌가. 미싱 다리에 상판을 올리면 2인 테이블로 훌륭하겠다는 생각에 바로 구입해 서울로 공수했다. 상판을 올려 마감하고 나니 어렸을 때 집에서 엄마가 열심히 미싱으로 내 방 침구며 커튼을 만들어주던 추억이 떠올라 왠지 저절로 웃음이 났다.

미싱 다리는 간혹 고미술 숍에 가면 구할 수 있는데 지방뿐 아니라 황학동, 장안평 등의 고미술 상가를 잘 찾아보면 구할 수 있고, 개당 20만~25만 원 선에 구입할 수 있다가격은 매장별로 다를 수 있음. 상판은 목공소에서 원하는 나무를 선택해 제작할 수 있다. _ deulre

TIPS

황학동과 장안평에는 고미술상들이 모여있는데 우리나라 전통 앤티크 가구나 소품 등을 구입할 수 있다. 옛날 전통 가옥을 뜯어내서 나온 고재들을 구할 수 있는 곳이기도 하다. 미싱 다리 테이블의 전체 제작 가격은 미싱다리를 20만 원이라고 가정할 때, 약 30만 원(운송비 별도) 정도로 보면 된다.

093

좋아하는 소재들로 콜라주한 샹들리에

공예를 전공해서이기도 하지만 생각해보면 꼬마였던 옛날부터 장신구를 꽤나 좋아했던 것 같다. 지금도 예쁜 팔찌, 목걸이 등을 좋아하는데 레고 블록이나 앤티크 열쇠, 레이스 혹은 목걸이를 자르고 재조립해서 장신구로 만들어 쓰곤 한다. 이런 소재들을 인테리어 아이템으로 적용해보면 어떨까 하는 호기심으로 만들기 시작한 이 조명은 샹들리에의 뼈대를 한지로 모두 감싼 후 크리스털 장식을 다 떼어내고 진주목걸이, 레이스, 장난감 인형, 앤티크 열쇠, 그리고 샹들리에 크리스털 모양으로 자른 자개 장식들을 매달아 나만의 멋진 샹들리에로 완성했다. 너무 쉬운 아이템이라 누구나 샹들리에를 가지고 있다면 간단하게 만들 수 있는데, 전체를 한지로 싸는 과정은 생략해도 상관없다. 안 쓰는 목걸이, 작은 장난감, 오브제 등 어떤 것이든 재미있게 장식해서 만들 수 있다. _ deulre

TIPS

샹들리에를 한지로 감쌀 때는 그냥 문방구에서 파는 풀(물풀이면 더 좋다)을 이용하면 된다. 작은 오브제들을 걸 때는 철물점에서 쉽게 구입할 수 있는 철사를 이용해 오브제를 감싸 고정하여 샹들리에와 연결시킨다.

094

코리안 컨템포러리 스타일의 벽

어느 공간이든 그 공간의 주인이 느껴지는 인테리어야말로 잘된 인테리어라고
생각한다. '그 공간의 주인이 느껴진다'는 것은 그 사람의 취향과 생각을 엿볼 수
있다는 뜻이다. 그런 면에서 자신의 컬렉션을 인테리어에 적용하는 것은 쉬우면서도
아주 중요한 데커레이션 포인트라고 생각한다.

사진 속 벽면은 그런 의미에서 우리의 취향과 생각을 카페 안에 표현한 대표적인
케이스다. 촬영 후 남은 벽난로 모형을 새로 리폼하면서 무언가 새로운 분위기의
이미지를 담아보고 싶었는데, 서양 스타일의 전형적인 표본처럼 여겨지는 벽난로를
카페 '재미있고'의 이미지에 맞게 한국적인 요소와 결합해보면 좋을 것 같았다.

일단 벽난로의 마감은 한지를 이용했고 미술상에서 구입한 철제 앤티크 찬합 뚜껑,
한자 캘리그래피 프레임, 이니셜 후크와 사슴뿔 등 우리가 좋아하는 아이템들로
장식했다. 컨셉트를 적절히 반영해 고루하지 않고 여성스러운 코리안 스타일로
꾸며보았다. 또한 벽면의 비둘기색 페인트칠 위에 화이트 컬러를 덧발라 벽난로
위의 오브제 컬렉션이 더 돋보일 수 있게 연출했다. 일부러 손으로 쓱쓱 바른 듯이
칠한 하얀 벽면은 이 공간이 사람의 손을 거쳐 하나하나 정성스레 완성된 공간임을
짐작하게 한다. _ *song-i*

TIPS

키 높이를 훌쩍 넘는 커다란 거울이
있으면, 식물이 공간에 주는 생기도
두 배가 된다. 전신 거울은 카페
인테리어 공사를 할 때 기존에 있던
주방 문을 떼어내면서 생긴 문짝
위에 거울을 붙여 리폼한 것이다.
거울집이나 유리집에 주문할 수
있다.

095

공간에 활력을 주는 꽃과 화분들

공간이 아무리 멋져도 식물이 없으면 너무 삭막하다는 생각이 든다. 예전에 비해 식물
키우기에 관심이 많이 생겼는데, 우리 카페를 계획하면서 시골에서 공수해온 큰 시루에
2m가 넘는 아주 커다란 유실수를 심고 싶었다. 하지만 공간 구획을 하고 실행해보니 큰
나무가 들어갈 공간이 턱없이 부족했다. 그러다 때마침 작은 코너 공간이 생겨, 아쉬운
대로 자리를 많이 차지하지 않는 작은 화분과 식물을 함께 놓아 보았다. 작은 공간도 그럴
듯하게 넓어 보이게 하는 커다란 전신 거울 앞에 마른 오리 가지, 장미, 그리고 믹스매치로
동양적인 호접란을 함께 놓아 내추럴하면서도 로맨틱한 분위기를 살려보았다. _ song-i

TIPS

기계자수는 동대문 평화시장에 맡길
수 있다 (서령마크 02-2274-6536).
자수틀 액자를 벽에 걸 때는 원형
틀이 못의 턱에 걸리도록 하면
문제없다.

096

자수틀 그대로 액자

촬영을 위해 여러 가지를 만들다보니 실생활엔 이용할 수 없지만 버리기 아까운
아이템들이 너무나 많이 생긴다. 이 자수 원단도 그런 경우였는데, 그 제작 배경은 이렇다.
촬영용 배경 아이템으로 전통 문양을 어렵사리 찾아 기계자수를 이용해 솜씨 좋게
제작했고, 예쁘게 촬영을 마친 다음에는 쓸 곳이 없어 여러 개가 남아 있었다.
카페를 꾸미면서 이 아이템을 활용할 곳이 없을까 고민하다가 비록 기계자수이지만
어쨌든 자수이니, 원형 자수틀에 끼워 액자로 활용하면 좋겠다는 생각을 했고, 자수틀을
바로 구입해 쉽사리 만들 수 있었다. 자수에는 기법과 소재에서 오는 서정적인 느낌이
담겨 있다. 단순한 한국 전통 문양이 담긴 자수는 모던한 공간에 두어도 색다른 느낌으로
잘 어우러진다. 자수틀은 동대문종합시장이나 십자수 숍에서 구입할 수 있다. _ *deulre*

097

여러 종류 패브릭으로 감싼 조명 갓

예전부터 늘 공간을 구획할 때면 고민스러운 게 조명이었다. 가구나 패브릭 아이템과는 다르게 한번 설치하면 교체가 쉽지 않은 까닭에 어떻게 하면 더 쉽고 편하게 조명에 변화를 줄 수 있을지가 고민거리였던 것. 그러다 조명 프레임을 따로 만들어두면 패브릭만 분위기에 맞게 쉽게 바꿀 수 있겠다 싶어 다량을 제작해 두었는데, 이번에 카페를 준비하면서 가장 중요한 중앙 홀에 포인트로 몇 개 남지 않은 마지막 조명 프레임들을 사용하기로 결정했다. 조명 갓으로 사용한 패브릭들은 촬영 때 틈틈이 모아놓은 냅킨들과 어렸을 때 집에 걸려 있던 레이스 등을 조합하여 만든 것이다. 음식이 항상 함께하는 카페에 냅킨으로 만든 조명을 설치하는 것 자체가 특별하게 느껴지기도 했다. 완성하고 나니, 나만의 특별한 사연이 있는 조명을 가질 수 있게 된 것 같아 왠지 뿌듯하고 아련한 옛 기억이 생각나 한참을 바라보고 있었다. 패브릭을 조명 갓으로 걸칠 때는 패브릭에 원형 구멍을 내거나 십자로 가위집을 낸 다음 소켓에 끼우면 된다. 취향에 따라 밑단을 레이스로 장식하고 손바느질로 고정시키면 완성된다. _ *deulre*

TIPS

을지로의 조명상가에서 조명 프레임과 골드 소켓을 별도로 구입할 수 있다.

098

찬넬을 이용해 만든 장식장

찬넬을 아직도 잘 모르는 사람들이 많은 것 같다. 옷 가게나 각종 상업공간에서
흔하게 쓰는 것인데 선반을 손쉽게 고정할 수 있고 간격 또한 마음대로 바꿀 수 있어
아주 유용한 아이템이다. 집에서도 벽에 찬넬 기둥을 못으로 고정하고,
원하는 간격대로 브라켓을 고정한 다음, 그 위에 폭이 맞는 판만 얹으면 멋진
선반장을 완성할 수 있다!
카페를 구상하던 중, 우리는 테이블을 놓기에는 좁은 자투리 공간을 재미있게
꾸며보자는 의견을 모아 예전 작업실에서 쓰던 미송 책상을 놓고 위로 찬넬 선반을
달아 장식장처럼 만들게 되었다. 평소 좋아하는 책인 〈이상한 나라의 앨리스〉 본문을
한 장 한 장 뜯어내 선반과 책상에 붙이고 니스로 마감했는데, 선반 아래에 책과
앤티크 서랍장에서 빼낸 서랍을 높게 쌓아두니 마치 이것들이 선반을 지탱하고 있는
것 같은 재미있는 착시효과를 준다. _ *song-i*

TIPS

찬넬 선반은 주변 철물점 혹은
온라인 숍에서 쉽게 구입할 수
있다. 고정할 때는 콘크리트 뚫는
용도의 드릴과 앙카볼트, 혹은
전동드라이버와 피스를 사용하면
된다.

099

시루에 심은 들꽃과 다육식물

몇 년 전 지방에 계신 친척 어른 댁에 갔었는데 새로 지은 집으로 이사를 하실
예정이라서 몇 십 년 동안 집에 가지고 계시던 여러 잡동사니들을 구경할 기회가
있었다. 때마침 눈에 들어온 것이 시루들이었는데, 십 수 년의 세월은 지난 듯한
시루들을 보는 순간 저기에 예쁜 식물을 심어야겠다는 의지가 샘솟았다.
크고 작은 사이즈의 시루들은 그 묵직한 존재감과 친근한 모양새가 그렇게 훌륭할
수가 없었다. 자그마한 사이즈의 시루 두 개에 카페에서 기를 식물을 심기로
결정했다. 원래는 허브나 장미나무 등 지극히 서양적 정서의 식물을 심어 화기와
함께 동서양의 크로스오버를 만들고 싶었으나, 아무래도 실내에서 키우는 식물임을
고려해 비교적 기르기 쉬운 다육식물과 들꽃을 심기로 했다.
소박하지만 은은한 향기가 있는 들꽃은 오래 봐도 질리지 않는데, 오랜 세월을
겪어낸 담담한 시루와 마치 찰떡궁합처럼 너무나 잘 어울려 마치 운명의 짝같이
느껴질 정도였다. 소소한 매력을 추구하는 우리 카페의 창가에서 지금은 이미 오래된
친구처럼 서정적인 자태를 뽐내고 있다. _ *deulre*

TIPS

시루 바닥에는 구멍이 뚫려 있어
물빠짐도 걱정 없으니 이보다 더
화분으로 적합할 수 없다. 들꽃을
기를 때는 통풍에 신경을 쓰고
직사광선은 피하는 것이 좋다.
다육식물은 햇빛을 많이 보도록
하는 것이 좋고, 물은 일주일에 한
번만 줘도 된다.

100

앤티크 자수를 활용한 코리안 빈티지 커튼

고재나무를 구하러 지방의 고미술 가게를 갔다가 1960년대에 만들어졌다는
횃댓보를 발견했다. 벽의 횃대에 걸어놓은 옷을 덮는 보자기라서 횃댓보라고 하는데,
예전엔 혼수의 필수품이라 시집가기 전 손으로 한 땀 한 땀 자수를 놓아 만들곤 했다고
한다. 광목이 살짝 바래서 조금 누렇지만 너무 아름다운 자수가 놓여져 있어
사지 않을 수가 없었는데, 계속 보관만 하던 이것을 카페의 한쪽 창에 커튼으로
이용하기로 했다.
동대문 수예점에서 아일렛 구멍을 뚫고 커튼을 말아올려 묶을 수 있는 끈을
달아주었다. 대나무 봉을 창문에 달고 아일렛 구멍을 통해 간단하게 면실로 고정하면
전통 발 형태의 커튼이 완성된다. 특히나 작은 창일 경우 아래에서 위로 돌돌 말아
올리는 형태의 커튼은 번거로운 커튼 봉과 레일 설치가 필요 없어서 좋다.
마지막으로 원하는 곳에 손바느질로 간단한 스티치를 넣어준다면, 자수 이상의 핸드
크래프트적 감성을 느낄 수 있을 것이다. _ *song-i*

TIPS

횃댓보는 황학동이나 장안평 고미술
상가에서 구입할 수 있고, 대나무
봉은 반포 고속터미널 경부선 3층
생화상가 안의 소재 집에서 구입할
수 있다. 원하는 창 사이즈에 맞게
재단하면 되니까, 창 사이즈만 재서
가면 되겠다.

코리안 컨템포러리 스타일을 지향하는 카페 '재미있고'의 내부

101

메시지 네온 조명

몇 년 전, 어느 잡지의 특집 화보로 크리스마스 장식을 제안했던 적이 있다. 그때 제작한 조명의 컨셉트가 네온으로 전하는 크리스마스 메시지였다. 촬영 후 특별히 쓸 곳이 없어 가지고 있다가 우리 카페의 훌륭한 벽 조명으로 다시 태어났는데, 포인트 벽장식의 역할을 톡톡히 하고 있다.

요즘 주변에 네온 조명에 관심이 있는 사람들이 많은데, 을지로 일대의 조명 상가에 가면 쉽게 제작하는 곳을 찾을 수 있다. 원하는 문구와 사이즈를 정해 가지고 가면 되는데, 아무래도 유리선을 구부려서 만들다 보니 모든 글씨체가 다 가능한 것은 아니지만 가급적 유사하게 만들어 준다. 간단하게 콘센트가 달린 벽걸이 형태로도 제작이 가능해서, 집에서도 쉽게 설치할 수 있다. 평소 나만의 신조로 삼고 있거나 좋아하는 문구가 있다면 네온 조명을 통해 확실히 표현해보자. 나의 공간을 더 나답게 완성할 수 있을 것이다. _ *deulre*

TIPS

네온 조명으로 만들 수 있는 빛의 컬러는 핑크, 옐로, 화이트, 블루, 레드 등이고 제작 가격은 디자인과 사이즈에 따라 다르지만 보통 가로 80cm×세로 20cm 정도의 사이즈에 30만~40만 원 선이다 (대성애드컴 *02-2274-3071*).

TOOL GUIDE

홈 데코에 필요한 도구와 재료
프로와 아마추어의 차이는 도구의 사용에서부터 시작된다.
홈 데코에 필요한 도구와 재료를 알아보자.

접착 재료 BONDING MATERIALS

1. 3M 양면테이프

접착 시트가 종이로 된 것은 떼고
붙이는 것이 손쉬워 사용하기
편리하고, 두께가 5mm~3cm까지
있어 용도에 맞춰 골라 사용할 수
있다. 한편 스펀지형은 어느 정도
무게 있는 것을 붙이는 데 유용하다.

2. 접착용 껌

무거운 액자보다는 종이포스터나
엽서 등의 가벼운 소재를 부착하는
것이 안전하며 못으로 액자를 걸 때
한쪽이 기울어지면서 수평이 잘 안
맞는 경우가 종종 있는데 그런 경우
뒷면 모서리에 붙여 수평을 맞춰
고정하는 방법으로 활용하기도 한다.

3. 우드필러

손상된 나무 가구나 못 자국이 난
벽을 말끔히 보수해주는 제품이다.
월넛, 애시, 메이플 등 나무 색상에
따라 컬러를 사용한다.

4. 튜브 실리콘

유리, 타일 등 각종 소재의 접착에
사용한다. 실리콘은 건조 시간이
길어서 바로 고정하기가 어렵지만
글루건을 함께 사용하면 건조되기
이전에도 더 빠르게 고정시킬 수
있어 더욱 편리하다. 실리콘 총과
달리 튜브형 제품은 가정에서 쉽게
사용할 수 있다.

5. 글루건

몰딩이나 패널 벽, 종이벽지에
접착하거나 공예, 소품 등을 만들
때 필수인 접착 재료. 가벼운
제품을 접착할 때 사용한다. 나중에
글루건을 제거하고 싶을 때는
이미 접착된 틈새에 알코올을
부으면 된다. 주사기를 사용하면 더
편리하다.

6. 목공 접착제(튜브형)

MDF, 몰딩, 패널 벽 등의 접착에
사용하는데, 튜브형은 초보자에게
더 적합하다. 접착할 부위의 먼지를
먼저 제거한 다음 사용하는 게
좋다.

7. 3M 스프레이

비교적 면적이 넓은 천, 종이, 필름
등을 접착할 때 뿌리면 효과적인
접착제. 뿌리는 방식이라서 균일하게
도포할 수 있고, 접착제가 재질에
스며들지 않아 피착재의 변질과
변색을 막아준다.

재봉 용구 SEWING TOOLS

1. 실과 바늘

재봉할 때 가장 기본적인 필수 도구.
실도 바늘처럼 시침용, 재봉용,
퀼트용, 자수용 등 용도별로 종류가
다양하다. 재봉틀에는 면사보다
질기고 잘 끊기지 않는 100%
폴리에스터 실을 사용하는 것이
적합하며, 손바느질에 퀼팅 실을
사용하면 바느질이 깔끔해서 좋다.

2. 초크

원단에 박음질할 밑선을 그리거나
패턴을 그릴 때 사용한다. 볼펜
형태로 된 초크도 있는데, 펜 끝이
날렵해 진하고 정교하게 작업할 때
유용하다. 완성 후 분무기로 뿌려
지울 수 있는 수성 펜과 시간이
지나면서 지워지는 기화성 펜 두
종류가 있다.

3. 줄자

가운데를 누르면 도르르 말리는
테이프형 줄자는 치수를 잴 때
편리하고, 일반 플라스틱 직자는
원단에 직선이나 시접선을 그릴 때
좋다. 이외 네크라인과 같은 곡선
부분을 그릴 때 사용하는 곡선자도
있다.

4. 시침핀

패브릭을 고정시켜 재봉 작업 시
천이 움직이지 않도록 한다. 핀
끝에 구슬이 달린 제품은 고정이
더 확실하며, 그중 머리 부분이
종이 재질인 핀은 고정한 채 그대로
다림질할 수 있어 편하다.

5. 가위

사진 속 가위는 패치워크 가위로
실을 자르거나 실밥을 제거할 때
사용한다. 이외 재단가위는 크고
가벼운 것이 좋으며, 종이 자르는
가위와 구별해 원단 자르는 용도로만
사용하면 가위의 날이 상하지 않아
더 오랫동안 쓸 수 있다.

6. 솔기 리퍼

재봉틀로 박았으나 마음에 들지
않는 솔기를 푸는 데 사용한다. 길고
뾰족한 끝 날로 심지를 집어 짧고
둥근 다른 날과의 사이에 넣고 심지
반대 방향으로 당겨서 실을 끊는다.

7. 재봉틀

사진 속 재봉틀은 가정용으로 나온
제품으로 대형 마트에서도 쉽게
구입할 수 있다.

마감 재료 FINISHING MATERIALS

1. 수성 바니시

벽, 인테리어, 가구 등의 마감재로 사용된다. 물을 10% 정도 희석해주면 도색하기가 더 쉽다. 사용 전, 목재 샘플에 미리 테스트 해볼 것. 수성 제품은 손에 묻어도 잘 씻기나 내구성이 약한 편이고, 유성 제품은 냄새도 나고 건조 시간도 오래 걸리지만 내구성이 좋다.

2. 커버링 테이프

깔끔한 마감을 위해 페인팅할 부분 이외를 커버링할 때 사용한다. 넓이가 다양하게 나오므로 원하는 규격을 고려해 선택하도록 한다.

3. 조색제

원하는 페인트 색상을 만들 때 물감처럼 섞어서 사용하는 재료. 페인트에 따라 수성과 유성을 가려서 사용한다. 예상보다 컬러가 쉽게 바뀌니 조금씩 넣어가면서 조색할 것. 충분히 섞어서 사용해야 균일한 컬러로 도색이 가능하다.

4. 붓과 롤러

붓은 정교한 작업에 많이 사용되며, 사용하기 전에 충분히 흔들어서 털을 빼주면 더 깔끔하게 작업할 수 있다. 붓 자국이 덜 남도록 하려면 30~40%의 힘을 이용하여 부드럽게 도포한다. 롤러는 면적이 넓은 곳을 칠할 때 사용하는 것이 편하고, 얼룩 없이 고른 도색이 가능하다.

5. 수성 페인트

듀레이션 홈 by 셔윈 윌리엄스 – 실내 벽지, 목재, 석고보드, 콘크리트 면에 사용 가능한 친환경 수성 페인트. 얼룩 방지 기능이 좋고, 내구성이 좋아 물세척이 가능하다. 냄새가 거의 없고, 다양한 컬러가 마련되어 있다(*칼라메이트 www.colormate. co.kr*).

6. 프라이머

페인트로 작업하기 전에 흡수성을 높이고 페인트 작업 전 표면을 최적의 상태로 만들어주는 재료다.

7. 목재 전용 페인트

프로클래식 by 셔윈 윌리엄스 – 목재의 칠밀림 현상과 휨을 방지하는 목재 전용 페인트로 가구나 방문에 사용한다.

8. 스펀지

페인팅을 얇고 고르게 하고 싶을 때, 붓이나 롤러 외에 특별한 텍스처가 필요할 때, 또는 스텐실을 할 때 사용하면 좋다. 붓 형태로 손잡이가 달린 폼 브러시도 있다.

9. 오일 우드 스테인

수성 스테인에 비해 가격이 저렴하나 건조 시간은 긴 편이다. 바니시 마감이 없이도 원목의 변형이나 들뜸이 방지되며, 자외선에 의한 변색이 없다. 비나 습기에 강하여 실내뿐만 아니라 실외의 모든 원목가구에 칠할 수 있다.

공구 HAND MATERIALS

1. 손타카

얇은 목재끼리의 연결, 액자 제작 등
여러 가지 리폼에 유용하게 쓸 수
있는 DIY 필수 공구. 타카핀 규격을
구분하여 심을 구입한다.

2. 고정 고리

액자 고리는 사용하려는 아이템을
벽에 걸기 어려울 때, 액자처럼
뒷면에 못으로 고정해 사용한다.
물음표 모양의 것은 벽면이나 천장에
간단히 걸 수 있는 고리다. 도구
없이 손으로 돌려서 고정이 가능해
편리하다.

3. 줄자

가운데를 누르면 도르르
말려들어가는 테이프형 줄자는
치수를 잴 때 편리하며, 중앙에
고정클립이 달린 줄자는 자가 나온
상태에서 말리는 일이 없어 정확한
치수를 잴 때 유용하다.

4. 수평계

눈금으로 수직과 수평이 맞는지
확인할 수 있는 도구다. 액자, 선반
등을 걸 때 사용하면 편리하다.

5. 나사못 4단 세트와 칼블럭

십자 모양의 홈이 파여 있어 손
드라이버나 드릴을 이용해 사용할
수 있는 피스. 나사못의 사이즈
별로 분류해서 보관하면 사용하기
편리하다. 흰색 플라스틱의 칼블럭
*(plastic anchor)*은 콘크리트
벽에 피스를 단단하게 고정시킬
때 사용된다. 피스 길이에 맞춰
구입한다.

6. 스크루 드라이버

나사못을 돌려 박기 위해 사용되는
도구. 못 머리를 바꿔 낄 수 있는
타입은 십자와 일자 모두
가능하므로 일석이조의 효과를 볼
수 있다. 끝부분이 자석 처리되어
있는 드라이버는 피스를 고정할 때
편리하다.

7. 니퍼 & 펜치

니퍼는 가는 전선이나 철사 등
선재를 절단하는 데 사용하는
공구다. 펜치는 철사를 끊거나
구부리는 데 사용하며 끝이
뾰족할수록 세밀한 작업이 가능하다.

8. 드릴

콘크리트 벽에 구멍을 뚫어 선반이나
액자 등을 걸 수 있으며, 가구 조립
시 나사못 체결도 가능한 DIY용
공구. 배터리를 충전하여 사용하는
전기 드릴은 무선이라 사용하기는
편리하다. 보통 사용 전압이 높으면
드릴 작업까지 가능하다. 3.6v는
전자제품 조립용이므로 실용적이지
않으며 통상적으로 가정용에서는
7.2v 정도가 적당하다. 현장에서는
12v 이상의 제품을 사용하므로
용도에 맞추어 사용하는 것이 좋다.

FAVORITE SHOP

알아두면 좋은 숍들
우리들이 좋아하는 인테리어 숍, 꽃집과 서점, 그리고 카페.

공정무역가게 울림

볼가 바구니를 처음 봤을 때 아프리카 특유의 색감과 패턴이 너무 예뻐
스태프들이 모두 감탄했었다. 공정무역가게 울림은 공정무역을 알리고
실천할 수 있도록 식품, 의류, 공예품, 도서 등을 판매하는 곳이다. 특히
이곳의 볼가 바구니는 가나 볼가 지역의 이름을 딴 바구니로 코끼리풀로
만들어져 실용적인데 다가 색감과 패턴, 크기 또한 다양하다. 가격은 3만~
5만 원 대. 공정무역으로 판매되는 설탕이나 티 등 여러 가지 식료품도 있다.

WHERE 서울 종로구 안국동 105 1층
TEL 02-739-1201 **WEB** www.ullimft.com

라꼴렉뜨 LA COLLECTE

요즘 많은 사람들이 좋아하는 톤 체어는 라꼴렉뜨에서 가장 많은 종류를
만날 수 있다. 그뿐 아니라 새로운 컬러가 추가된 비슬리 캐비닛은 칙칙한
서재에 포인트로 놓기에도 너무나 좋은 아이템. 새로 작업공간을 오픈한
지인들에게 꼭 작은 비슬리를 선물하는데, 그만큼 실용성도 겸비하고 있기
때문이다. 그리고 유명한 필립 스탁이 디자인한 카르텔과 이탈리아 자노티의
가구들도 함께 만날 수 있다.

WHERE 서울시 강남구 청담동 31-7
TEL 02-548-3467 **WEB** www.lacollecte.kr

루밍 ROOMING

너무나 예쁘고 다양한 리빙 소품들이 많은 곳이다. 주방식기부터 조명, 가구
등 없는 게 없지만 특별한 아이 장난감을 찾는다면 특히 이곳을 추천하고
싶다. 그중 가장 특별한 점은 전설적인 디자이너 브루노 무나리의 책과 엽서,
조명까지 만날 수 있다는 것. 그의 책들은 몇 십 년 전의 작업임에도 너무나
감각적인 색채와 디자인을 보여주고 있어 항상 영감을 얻곤 한다. 손쉽게
온라인으로 아트북을 구입하고 싶다면 주저 말고 방문해 보자.

WHERE 서울시 서초구 방배동 796-27 1층
TEL 02-6408-6700 **WEB** www.rooming.co.kr

마이페이버릿 MY FAVORITE

처음 이 매장이 생겼을 때, 우리나라에도 이런 확실한 캐릭터의 매장이
생겨 너무 기뻤다. 게다가 외국 벼룩시장이나 앤티크 숍에서만 볼 수 있었던
각종 빈티지 인형들이 한가득이어서 한동안 정신없이 구경했던 기억이
난다. 장난감이나 인형뿐만 아니라 외국의 디자인 서적도 만날 수 있다.
여러 국가의 동화책부터 요리책, 아트북까지 다양하며, 책 하나하나에 대한
사장님의 해박한 설명도 들을 수 있어 더욱 정이 간다.

WHERE 서울시 강남구 신사동 523-32 원빌라 101호
TEL 02-544-9319 **WEB** www.alicesugar.com

모벨랩
MOBEL LAB

국내 스칸디나비안 가구 대중화의 선두주자라고 감히 말할 수 있을 정도로
모벨랩은 보물창고 같은 곳. 1920~1970년대의 북유럽산 오리지널 빈티지
가구 컬렉션을 만날 수 있다. 너무 예쁜 콘솔, 책장이나 소파도 물론 좋지만
가격이 상대적으로 저렴한 의자나 장식장, 사이드 테이블 등은 주변
사람들에게도 많이 추천하는 아이템들이다. 일년에 한두 번 열리는 귀한
게릴라 세일도 있으니 놓치지 말자.

WHERE 서울시 성북구 성북동 19
TEL 02-3676-1000 WEB www.mobellab.com

반김

리얼 목공예 소품을 찾는다면 꼭 반김을 추천하고 싶다. 많이 알려지지
않았지만 목공예 제품을 사랑하는 사람이라면 누구나 반할 정도로 좋은
제품들이 다양하기 때문이다. 특히 작가가 손수 깎아 만든 볼과 접시들은
여러 가지 종류의 나무와 다양한 마감 방식으로 만들어졌고, 모던하게
재해석된 형태의 소반 또한 이곳의 대표 아이템이다. 작지만 따뜻하고
감성적인 소품이 가득한 곳이다.

WHERE 서울시 종로구 안국동 안국역내 318-06호
TEL 02-730-6958 WEB www.woodgru.com

보뜨 플라워
BOTTE FLOWER

화려하고 거창한 꽃꽂이보다 들꽃 한 포기 심은 화분이 더 아름다울 수
있다는 것을 보뜨를 방문하고 다시 한 번 느꼈다. 그 정도로 이곳의 스타일은
수수하면서도 자연스러운 매력이 있다. 빈티지한 화기에 심은 야생화, 고운
색을 그대로 살려 말린 드라이플라워는 보뜨의 스타일을 잘 설명해준다.
이 외에도 여행을 많이 다닌 사장님의 안목으로 엄선된 유럽 빈티지 병,
핸드메이드 비누, 아로마 향초 등을 구입할 수 있고, 플라워 클래스도 열린다.

WHERE 서울시 종로구 안국동 63-1
TEL 070-4125-8934 WEB botteflower.com

베이지컬리
BASICALLY

서울에 몇 없는 아로마초 전문 숍이다. 물론 온라인 숍도 함께 있다. 질 좋은
핸드메이드 초를 판매하는데 소이왁스 베이스로 만든 아로마 향초뿐만 아니라
귀여운 아이스크림, 전구 모양초 등 다양하고, 피부 타입에 따라 선택할 수
있는 핸드메이드 비누도 너무 좋다. 부담 없이 선물하고 싶을 때 가장 먼저
생각나는 곳이다. 클래스도 운영하고 있어서 너무 재미있게 비즈왁스
초 만들기도 배웠다. 일주일에 한 번 클래스가 있고, 웹사이트에서 신청 가능.

WHERE 서울시 강남구 신사동 551-3
TEL 02-6406-8050 WEB www.basically.co.kr

비투프로젝트
B2PROJECT

대학로 안쪽에 숨어 있는 보물 같은 장소. 1층은 카페, 지하는 북유럽 미드센트리 가구 숍으로 구성되어 있는 비투프로젝트는 맛있는 커피와 음료, 먹을거리뿐 아니라 합리적인 가격에 선보이는 빈티지 가구들까지 하나같이 너무나 매력적이다. 아트워크와 가구들, 식물로 공간을 자유롭고 생기 가득하게 꾸며낸 인테리어 디자이너 출신 사장님의 감각적인 공간 연출법 또한 배워봐도 좋겠다.

ⓌHERE 서울시 종로구 동숭동 130-11 TEL 02-747-5435
ⓌEB www.b2project.co.kr

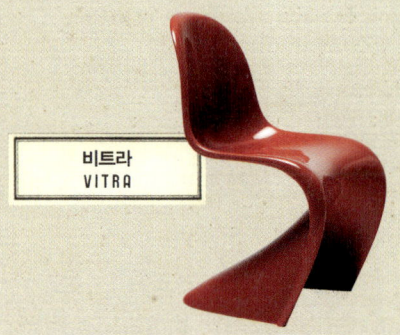

비트라
VITRA

장 프루베, 헬라 용게리우스, 프랭크 게리, 조지 넬슨… 이름만 들어도 가슴이 뛰는 우리가 너무나 사랑하는 디자이너의 가구들을 한꺼번에 만날 수 있는 곳이다. 가구뿐 아니라 벽시계, 오브제, 미니어처 가구들도 있고, 코르크 스툴 등 작은 소가구들도 너무나 매력적이다. 시간이나 유행과 무관하게 늘 사랑 받아온 디자인 거장들의 디자인 제품들이 많다. 디자인 컬렉션을 시작하고 싶다면 이 브랜드부터 주목해봐도 좋겠다.

ⓌHERE 서울시 강남구 청담동 9-2
TEL 02-511-3437 ⓌEB www.vitra.com

aA디자인 뮤지엄
AA DESIGN

오픈한 지 꽤 되었지만 언제나 홍대 앞만 가면 들른다. 맛있는 커피와 디저트도 좋지만, 그 엄청난 디자이너 가구 컬렉션을 볼 수 있다는 자체만으로도 너무나 의미있기 때문. 디자이너의 가구들을 사랑하는 사람들에게는 꼭 한번 가봐야 할 곳이라고 추천하고 싶다. 또한 aA 디자인에서 자체 디자인한 합리적인 디자인의 가구들은 나무의 질감이 너무 좋다. 뮤지엄이 곧 리뉴얼을 한다니, 그 또한 기대되는 부분이다.

ⓌHERE 서울시 마포구 서교동 408-11
TEL 02-3143-7311 ⓌEB www.aadesignmuseum.com

에이치픽스
HPIX

에이치픽스와의 인연은 몇 년 전 촬영 협찬을 위한 방문에서 시작되었다. 우리의 베스트 소장 아이템 중 가장 큰 부분을 차지하고 있는 것들이 모두 이곳의 제품일 정도로 이곳의 셀렉션은 정말 감각적이다. 그중에서도 귀여운 도나 윌슨의 제품들은 에이치픽스의 대표 제품이라고 해도 과언이 아닐 정도인데, 내 침대 위에도 귀여운 도나 윌슨의 인형들이 살고 있다. 귀엽지만 감각 있는 제품들은 아이가 있는 분들에게 선물하기 좋다.

ⓌHERE 서울시 강남구 개포동 1250-3 성신빌딩 지하 1층
TEL 02-3461-0172 ⓌEB www.hpix.co.kr

이노메싸
INNOMETSA

온라인 숍이어서 좋기도 하지만 시간이 된다면 오프라인 숍을 꼭 방문해 보라고 권하고 싶다. 그만큼 스칸디나비안 디자인의 정수를 선보이는 이노메싸의 아이템들은 하나하나가 너무나 다양하고 감각적이다. 내추럴한 코르크 뚜껑이 인상적인 톤피스크 티팟 세트부터 헤이의 컬러풀한 의자들, 그리고 빨래바구니로 그만인 코르보의 와이어 바스켓은 특히 사랑하는 아이템. 스트링 선반 또한 강력 추천 아이템이다.

WHERE 서울시 서초구 양재동 90-8 지하 1층
TEL 02-3463-7752 WEB www.nordicdesign.kr

짐블랑
JAIMEBLANC

짐블랑은 꼭 일 때문이 아니더라도 웹서핑을 할 때면 꼭 한 번씩 들러 보는 곳이다. 귀엽고 아기자기한 제품들을 보면 절로 기분이 좋아지기 때문이다. 특히 핸드메이드 느낌이 살아있는 작가의 패브릭 제품들은 정말 특별하다. 감각적인 디자인의 침구류와 키즈 제품도 많아 아기 엄마가 된 친구들의 선물은 늘 여기서 고른다. 북유럽의 세련된 패턴과 컬러, 핸드크래프트적 감성을 좋아한다면 꼭 한번 들러보자.

WHERE 서울시 서대문구 연희동 190-4 3층
TEL 070-7803-3798 WEB www.jaimeblanc.com

재미있고
ZEMI-EAT-GO

마음 편한 사람들과 좋은 음식, 디자인, 음악을 함께 나누고자 우리(민송이·민들레)가 직접 오픈한 카페. 평소 우리가 좋아하고 모아온 컬렉션, 디자인, 카페를 위해 직접 만든 가구 및 조명들로 꾸며보았다. 점점 더해져 가는 우리 것에 대한 애정이 반영되어 인테리어는 코리안 컨템포러리 스타일을 지향하며, 좋은 음식이 라이프스타일까지 바꾼다는 믿음으로 맛과 영양을 우선시한 퓨전 한식 메뉴들을 소개한다.

WHERE 서울시 용산구 청파동2가 40-8번지 2층
TEL 02-717-7170

프랑프랑
FRANC FRANC

집 근처에 매장이 있어, 집 앞으로 산책을 나가면 꼭 들르는 숍이다. 일본에서 들어온 리빙 숍 프랑프랑은 합리적인 가격의 가구와 소품뿐 아니라 주방용품, 세제 등 실생활에 유용한 제품들이 너무 많아 들르면 꼭 하나씩은 구입하게 된다. 시즌마다 다양한 신상품들이 나오고 세일도 많이 해서 좋은 가격에 유니크한 아이템을 구입할 수 있는 곳이다. 특히 디퓨저와 향초는 비교적 저렴하고 종류도 많아 좋다. 싱글에게 특히 추천하고 싶은 장소다.

WHERE 서울시 구로구 경인로 662 디큐브시티 지하 2층
TEL 02-2211-0777 WEB www.francfranc.kr

101
deco ideas

우리 집이 예뻐진다

발행일 | 초판 1쇄 2012년 10월 20일
2쇄 2012년 12월 30일

지은이 | 민송이·민들레

발행인 | 김우석
제작총괄 | 손장환
편집장 | 이정아
책임편집 | 손영선
마케팅 | 공태훈, 김용호, 이진규
제작 | 김훈일, 임정호
저작권 | 안수진
홍보 | 이수현

진행 | 한예준
사진 | 임태준(plug studio)
디자인 | 박영미(library)
교정교열 | 중앙일보어문연구소
인쇄 | 미래프린팅

발행처 | 중앙북스(주)
등록 | 2007년 2월 13일 제2-4561호
주소 | (100-732) 서울시 중구 순화동 2-6번지
구입 문의 | (02)2000-6179
내용 문의 | (02)2000-6401
팩스 | (02)2000-6174
홈페이지 | www.joongangbooks.co.kr

이 책을 위해 수고한 7doors의 스태프들. 왼쪽부터 정재성, 박정희, 장문희, 그리고 민송이, 민들레.

그 부엌에선 왜 더 맛있는 냄새가 날까…
요리 좋아하는 15인의 따뜻하고 아름다운 부엌, 그리고 살림 이야기

갖고 싶은 부엌 + 알고 싶은 살림법
김주현 지음 | 244쪽 | 값 13,000원

부엌은 여자들에게 꿈의 공간이다. 큼직한 아일랜드에 2미터짜리
식탁, 햇볕이 가득 들어오는 시원한 창에 널찍한 조리대와 개수대,
그리고 그릇장까지 있는 근사한 부엌은 여자들의 로망이다. 이 책은
요리연구가, 푸드 스타일리스트, 카페&레스토랑 오너 셰프 등 요리에
일가견이 있거나 자신만의 방식으로 요리를 사랑하는 여자들의
부엌을 들여다본다. 다양한 스타일로 꾸민 아름다운 15개의 부엌을
둘러보고, 그들이 애정을 담아 꾸민 부엌 공간 이야기, 즐겨 만드는
음식, 요리하면서 하나씩 터득한 살림 노하우까지 들어본다.

리폼, DIY에서 리모델링까지
친절한 레테 씨의 셀프 인테리어 교과서!

레테야 레테야 헌집줄게 새집다오
레테 지음, 핑테 사진 | 400쪽 | 값 20,000원

집 개조는 전문가만 할 수 있다는 편견은 이제 그만! 100만 회원
돌파, 네이버 인테리어 분야 1등 카페인 '레몬테라스' 운영자 레테가
스스로가 인테리어 디자이너가 되어 집 전체를 리모델링하는 방법을
소개한다. 내가 원하는 인테리어 스타일을 찾는 방법에서부터, 전문
작업자 섭외 방법, 철거 공사·전기 공사·배관 공사·미장 공사는 물론
침실·거실·욕실·서재·부엌 등 공간별 공사 방법을 평범한 주부인
레테가 낡은 주택을 고치면서 실제로 경험한 과정을 토대로 상세하게
알려준다.

작은 집에 사는 20~30대 신혼 부부, 싱글족을 위한 가구 숍·리빙 숍 가이드

작은 집을 위한 인테리어 숍 100
박진영 지음 | 202쪽 | 값 13,800원

독립해서 나만의 집이 생기거나 결혼 후 신혼집으로 이사하게 되면 집을 멋지게 단장하고 싶기 마련이다. 우리 집을 근사하게 꾸미고 싶은데 멋진 가구, 예쁜 소품은 대체 어디서 사야 할까? 인테리어 고수들이 추천하는 100개의 알짜 숍에 그 답이 있다. 품질과 디자인이 뛰어날 뿐 아니라 가격도 비교적 저렴한 맞춤 가구부터, 하나쯤 갖춰두면 좋을 근사한 디자인 가구, 멋진 공간 연출을 위한 패브릭 숍, 조명 숍까지 작은 집을 위한 인테리어 숍 100곳을 인기 스타일리스트와 인테리어 디자이너 7인의 추천 리스트를 바탕으로 소개한다.

국내 대표적인 빈티지 가구 컬렉터 김명한이 말하는 디자인 가구 이야기

나를 사로잡은 디자인 가구
김명한 지음 | 210쪽 | 값 17,000원

국내 최고의 가구 컬렉터이자 aA디자인뮤지엄의 대표로 남다른 감각을 자랑하는 김명한이 디자인 가구의 매력을 쉽고 찬찬히 들려준다. 공간과 삶을 풍요롭게 만들어주는 디자인 가구에 대한 개인적인 애정을 들려주고, 자신만의 안목과 디자인과 스타일에 대한 철학, 그리고 컬렉션 스토리를 풀어놓는다. 그가 최고로 꼽는 명작 디자인 가구부터 가장 많이 팔린 베스트셀러 디자인 체어, 그의 수백 점 컬렉션 중 가장 내로라하는 컬렉션까지, 읽는 재미와 눈으로 명품 가구를 감상하는 재미가 있다. 가구의 디자인과 스타일을 이해하는 즐거움이 있는 책이다.